Aufgewachsen in der DDR

Dieter Dietel
Kathleen Köhler

# WIR vom Jahrgang 1940

## Kindheit und Jugend

Wartberg Verlag

# Impressum

**Bildnachweis:**
Privatarchiv Dietzsch: S. 4, 11 o., 12 l., 13, 14 o.l., 14 u., 15, 24 u.l., 27, 40 l.u., 42, 43 u., 44, 45, 48, 55, 58 u., 59, 60, 62, 63 u.; Privatarchiv Dietel: S. 5, 9 o., 10, 11 u., 24 u.m., 25, 30 o., 32, 34, 37, 40 l.o., 47, 61; Privatarchiv Muske: S. 6, 20 o., 24 u.r., 33, 35, 63 o.; Privatarchiv Heinz: S. 8, 9 u., 12 r., 14 o.r., 16, 17, 19, 20 u., 23, 24 o., 28 u., 30 u., 36, 43 o., 50, 51, 54, 56, 57 o.;
ullstein bild – aslu: S. 7 o.; ullstein bild – ddp: S. 7 u.; ullstein bild – Bunk: S. 22 o.; ullstein bild – Archiv Gerstenberg: S. 22 u.; ullstein bild – Engel(L): S. 28 o.; ullstein bild: S. 29, 39, 41; ullstein bild – ullstein bild: S. 40 r.u., 52; ullstein bild – Historisches Auge: S. 53; ullstein bild – Christina Bach: S. 57 u.; ullstein bild – Nowosti: S. 58 o.

**Wir danken allen Lizenzträgern für die freundliche Abdruckgenehmigung. In Fällen, in denen es nicht gelang, Rechtsinhaber an Abbildungen zu ermitteln, bleiben Honoraransprüche gewahrt.**

1. Auflage 2008

Gestaltung und Satz: Ravenstein und Partner, Verden
Druck: Hoehl-Druck Medien + Service GmbH, Bad Hersfeld
Buchbinderische Verarbeitung: Buchbinderei Büge, Celle

34281 Gudensberg-Gleichen • Im Wiesental 1
Telefon: 0 56 03/9 30 50 • www.wartberg-verlag.de
ISBN: 978-3-8313-1740-0

VOR-
WORT

# Liebe 40er!

Wir sind Kriegskinder. Ein Umstand, den wir uns wahrlich nicht ausgesucht haben und der uns formte. Denn in mancherlei Hinsicht verlief unsere Kindheit anders. Vorrangig wohl, weil wir frühzeitig auch die Schattenseiten des Lebens erfahren mussten. Bomben. Flucht. Exil. Hunger. Kälte. Väter, die nicht an unserer Seite sein durften. Und so weiter. Anfänglich waren wir zu klein, um zu verstehen. Später erschien uns das, was uns umgab, als selbstverständlich. Anderes kannten wir schließlich nicht. Und so haben wir auch im Krieg unsere Kindheit gelebt und erlebt. Mit Spielen, Streichen, Abenteuern. Mit fröhlichen Stunden in der Familie, wo Geschichten erzählt und gesungen wurde. Dabei fühlten wir uns stets behütet und umsorgt. Und das wiederum haben viele von uns ihren Müttern zu verdanken, die Unmögliches möglich machten, damit wir unversehrt heranwachsen konnten. Trotz der widrigen Umstände. Sie gaben uns ihre Liebe und Nähe. Sie vermittelten uns das Gefühl, wichtig und stark zu sein. Dabei erzogen sie uns zu selbständigen Menschen, die sich zu helfen wissen und später im Leben ihren Mann oder ihre Frau stehen.

Lassen wir heute die Gedanken zu jenen Jahren der Kindheit und Jugend zurückschweifen, so bringen sie viele Erinnerungen. An das gemeinsame Weihnachtsfest unter der mageren Tanne. An die Schultüte am Apfelbaum. An sportliche Wettkämpfe, Tanzabende, an das erste Fahrrad und die erste Liebe.

Dieses Buch vereint Erinnerungen 1940 Geborener ganz unterschiedlicher Art. Vieles davon ist heute nur noch schwer vorstellbar. Langsam verblassen die eigenen Erinnerungen. Ein Grund mehr, noch einmal in die aufregende Kindheit einzutauchen. Wir laden Sie ein, sich mit uns gemeinsam zu erinnern.

Dieter Dietel

*Dieter Dietel*

# Geboren im Krieg

1940-1942

## Das 1. bis 3. Lebensjahr

### Fronturlaubskinder

1940 – ein Geburtsjahr mitten im Zweiten Weltkrieg. Im April hatte Deutschland Dänemark angegriffen, um es als Sprungbrett für die Eroberung des strategisch wichtigen Norwegens zu nutzen. Mit ihrem Übergriff auf die neutralen Staaten Niederlande, Belgien und Luxemburg startete die deutsche Wehrmacht im Mai ihren Feldzug in Richtung Westen. Daheim wurde das Leben unter Kriegsbedingungen immer komplizierter. Wahrlich keine guten Bedingungen für einen sorgenfreien Start ins Leben.

Viele von uns sind Fronturlaubskinder, gezeugt während der wenigen Augenblicke, in denen unsere Soldatenväter von dort ent-

*Trotz Krieg herrschte Frieden in unserer kleinen Welt.*

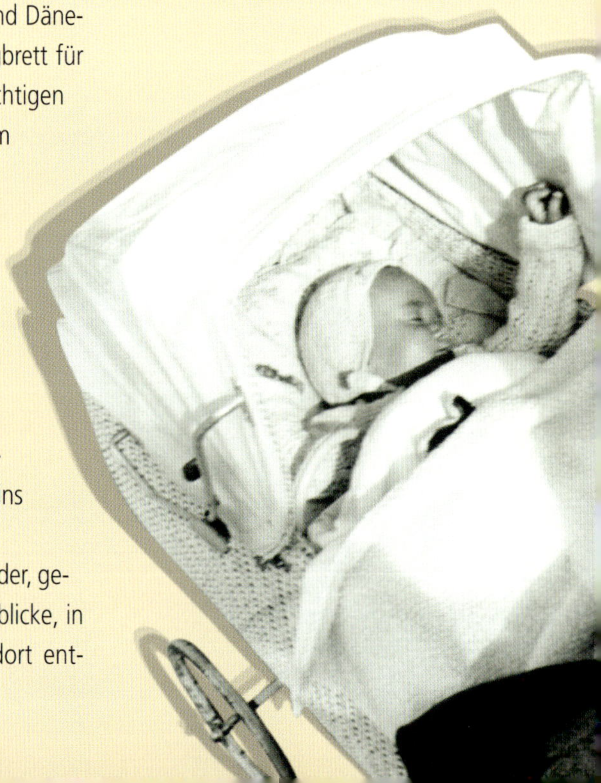

## Chronik

**20. Februar 1940**
Die Briten fliegen erste Luftangriffe gegen deutsche Industrieziele.

**7. März 1940**
In New York trifft nach geheimer Jungfernfahrt das größte Schiff der Welt, der Luxusdampfer „Queen Elizabeth", ein und wird fortan als Truppentransporter benutzt.

**Ende März 1940**
Das Konzentrationslager Auschwitz wird eingerichtet. In mehreren polnischen Städten werden Juden in Ghettos verbannt.

**3. Mai 1940**
Das Reichsluftfahrtministerium ordnet für ganz Deutschland eine Verdunkelung zwischen Sonnenuntergang und Sonnenaufgang an. Die in Helsinki angesetzten Olympischen Spiele werden abgesagt.

**22. Februar 1941**
Reichsführer der SS, Heinrich Himmler, betont, dass eine höhere Geburtenrate „nationale Pflicht" der Deutschen sei.

**6. Mai 1941**
Stalin wird Vorsitzender des Rates der Volkskommissare und damit Regierungschef der Sowjetunion.

**4. Juni 1941**
Ex-Kaiser Wilhelm II. stirbt im Alter von 82 Jahren im niederländischen Exil.

**22. Juni 1941**
Deutschland überfällt mit der Operation „Barbarossa" die ahnungslose Sowjetunion.

**8. September 1941**
Leningrad, das heutige St. Petersburg, ist von der deutschen Armee eingekesselt. Die Belagerung der Stadt dauert bis Ende Januar 1944.

**26. März 1942**
Mit Ankunft der ersten Deportationszüge beginnt im KZ Auschwitz die massenweise Ermordung von Juden aus ganz Europa.

**28. März 1942**
Beim ersten Flächenbombardement auf eine deutsche Großstadt zerstört die britische Luftwaffe die Innenstadt von Lübeck.

*Kaum auf der Welt, stand auch schon die Taufe an.*

kommen konnten. Abgemagert, ausgemergelt und irgendwie fremd erschienen sie unseren Müttern bei diesen viel zu kurzen Besuchen. Gesprochen haben sie nicht viel über das, was in den noch fernen Schützengräben passierte. Von unserer Geburt erfuhren die meisten dann neun Monate später aus Briefen von daheim. Manchmal gab es zum freudigen Ereignis einen kurzen Sonderheimaturlaub, manchmal aber auch nicht. Je nach Kriegslage oder Laune des Befehlshabers.

Über ein Mädchen freuten sich unsere Mütter besonders, schließlich verbanden sie damit die Hoffnung, ihr Kind niemals in Schützengräben schicken zu müssen. So wie es der Führer einst höchstpersönlich geschworen hatte, als er verkündete, dass er sich schämen würde, ein deutscher Mann zu sein, wenn

*Mütter und ihre Töchter – zurechtgemacht für den Spaziergang.*

jemals – im Falle eines Krieges – auch nur eine Frau an die Front gehen müsste. Das war im Jahr 1935 und damit noch gar nicht so lange her. Dass es anders kommen würde, davon ahnten unsere Mütter noch nichts. Und darüber zerbrachen sie sich im Augenblick auch nicht den Kopf. Voll und ganz waren sie mit dem neuen Erdenbürger beschäftigt. Zu viele Dinge galt es zu klären und zu arrangieren. Die Vorbereitung der Taufe zum Beispiel, die Wahl des Namens. Welcher passte wohl am besten zum blonden Töchterchen mit dem zarten Teint? Gertrud, Lieselotte, Karin oder doch Ingrid? Wir Buben des Jahrganges 1940 wurden Dieter, Karl, Werner, Heinz oder Ernst genannt.

Von dem, was in der Welt um uns herum passierte, bekamen wir herzlich wenig mit. Ganz andere Dinge beschäftigten uns. Zum Beispiel, warum Mutters Brust schon wieder keine Milch mehr hatte, obwohl unser Hunger noch lange nicht gestillt war? Quittiert haben wir das mit einem gebührenden Geschrei.

## Mullwindeln auf der Leine

Von unserer Ankunft auf dieser Welt kündeten schon bald helle Stoffwindeln aus Mull, die unsere Mütter auf der Wäscheleine in Garten oder Hof zum Trocknen aufhängten. Mit Holzklammern befestigten sie daneben die winzigen Baumwolljübchen, Jäckchen und Strampler, denen man ansah, dass wir nicht die Erstbenutzer waren. Und das, obwohl unsere Mütter sie gerade zuvor stundenlang auf dem Herd mit ordentlich Hitze ausgekocht hatten.

Über Nacht durften die Babysachen allerdings nicht draußen hängen bleiben. Denn in dem Fall konnte es leicht passieren, dass am nächsten Morgen die Hälfte fehlte. Mangel – und der herrschte in Kriegszeiten an fast allem – machte eben nicht nur erfinderisch, sondern manchmal auch diebisch.

*Gut zu wissen, dass der Kinderwagen bei den ersten Gehversuchen in der Nähe ist.*

## Geboren 1940

Der gebürtige Rostocker **Joachim Gauck** ist Pfarrer, Mitbegründer des Neuen Forums und war der erste Bundesbeauftragte für die Unterlagen des Staatssicherheitsdienstes der ehemaligen Deutschen Demokratischen Republik.

*Joachim Gauck*

**Lothar de Maizière** war der letzte Ministerpräsident der DDR und vom 3. Oktober bis zum 19. Dezember 1990 Bundesminister für besondere Aufgaben.

**Wolfgang Clement** war 2002 bis 2005 Bundesminister für Wirtschaft und Arbeit.

Die Berlinerin **Karin Baal** hatte ihr Schauspieldebüt 1956 an der Seite von Horst Buchholz in „Die Halbstarken". Später wurde sie vor allem durch Auftritte in den deutschen Edgar-Wallace-Verfilmungen bekannt.

*Elke Sommer*

Schauspieler **Gojko Mitić** erlangte Popularität als Hauptdarsteller zahlreicher DEFA-Indianerfilme und als Winnetou-Darsteller auf der Freilichtbühne Bad Segeberg.

**John Lennon** gehörte zu den Mitgründern der britischen Musikgruppe „The Beatles". Er wurde 1980 vor seinem Wohnhaus in New York erschossen.

Radrennfahrer **Klaus Ampler** gewann 1963 für die DDR die Friedensfahrt. 1962 und 1963 wurde er außerdem DDR-Meister im Straßenradrennen.

Die in Berlin geborene Schauspielerin, Sängerin, Regisseurin und Malerin **Elke Sommer** lebt heute in den USA.

Der britische Popsänger **Tom Jones** war ursprünglich Staubsauger-Vertreter.

Der Brasilianer **Pelé** gilt als einer der besten Fußballer der Geschichte. Die FIFA wählte ihn zum Weltfußballer des vergangenen Jahrhunderts.

Der Marxist und Soziologe **Rudi Dutschke** war ein bekannter Vertreter der westdeutschen Studentenbewegung der 1960er Jahre. Das Attentat, bei dem Dutschke 1968 schwer verletzt wurde, gilt als Auslöser zahlreicher Protestaktionen.

**Margrethe II.** ist seit dem 15. Januar 1972 Königin von Dänemark.

## Mütter, Väter und Geschwister

Dass wir mitten in den Krieg hineingeboren wurden und was das bedeutete, erfuhren wir erst später. In den ersten Monaten und Lebensjahren nahmen wir alles, so wie es uns umgab, als Selbstverständlichkeit hin. Anderes kannten wir schließlich nicht.

*Unsere lieben Geschwister.*

Dazu gehörte unter anderem, dass viele unserer Väter weg waren. „Für die gute Sache", erklärten die Mütter.

Freilich, es gab auch einige Väter, die nicht in den Krieg mussten. Selbst die bekamen allerdings kaum mit, wie ihre Jüngsten aufwuchsen. In der Morgendämmerung verließen sie das Haus, um zur Arbeit aufzubrechen, beziehungsweise sich der täglich schwieriger werdenden Versorgung der Familie mit Lebensmitteln zu widmen. Zurück kehrten sie meist erst, als wir bereits schliefen. Waren sie am Wochenende daheim, konzentrierten sie ihr gesamtes Erziehungsprogramm auf diese wenigen Stunden. Da kamen wir, die noch ganz Kleinen, am besten bei weg. Unsere älteren Geschwister hingegen spürten Vaters Strenge, sobald sie die zugeteilten Aufgaben wie Gartenarbeit oder das Ausmisten des Hühnerstalls nicht zur elterlichen Zufriedenheit erledigt hatten. Dann nämlich hagelte es schnell mal eine Backpfeife oder – bei schwereren Vergehen – einen versohlten Hintern, zu

*Wir spielten fast immer draußen ...*

*... und heckten dort so einiges aus.*

dem Vater eigens den verhassten Ledergürtel seiner Hose abschnallte. In der Woche überließ er der Mutter diesen Part und auch die scheute sich, im Sinne einer Erziehung zu Disziplin und Ordnung, nicht vor einem dem Vater ebenbürtigen harten Durchgreifen.

Manchmal arbeiteten auch die Mütter. Dann wurden wir Kleinen entweder unseren größeren Geschwistern anvertraut oder blieben bei Nachbarn beziehungsweise Verwandten, die uns trotz der schwierigen Umstände recht unbeschwerte erste Jahre bereiteten.

Und selbst wenn unsere Mütter nicht zur Arbeit eilen mussten, waren sie mit Heimarbeit beschäftigt, haben nebenbei gestrickt, gestickt oder genäht und sich ein paar Groschen dazuverdient. Socken, Pullover, Babysachen, Mützen, Handschuhe – eben alles, was gebraucht wurde. Die Wolle dafür wurde zum Teil selbst gesponnen.

## Villa und Mietskaserne

Die damaligen Wohnverhältnisse hätten unterschiedlicher nicht sein können. Einige Eltern lebten auf herrschaftlichen Gütern, wie es sie zum Beispiel in Ostpreußen gab. Andere drängten sich auf engstem Raum in den großstädtischen Mietskasernen von Berlin und Leipzig. Wohl dem, der seine Kinder auf einem Bauernhof in Mecklenburg oder Thüringen aufwachsen lassen konnte. Andere von uns haben ihre Geburtsstätten inzwischen an den Abbau von Kohle verloren, dessen Bagger später unter anderem in Sachsen zahlreiche Orte vom Erdboden verschwinden ließen. Kinder jener Eltern, die das Land verlassen mussten, um sich vor den Nazis ins Exil zu retten, kannten lange Zeit gar kein wirkliches Zuhause. Oft bestand dies nur aus einem kleinen Zimmer irgendwo in der Fremde, das der ganzen Familie als Unterschlupf diente. Mit dem Wenigen, was zur Verfügung stand, gestalteten es die Mütter dennoch gemütlich und behaglich, so dass es Wärme ausstrahlte. Dieses Leben auf engstem Raum erzeugte eine starke Nähe und Geborgenheit, wie viele in Deutschland aufgewachsene Kinder sie nicht kannten.

*Wer auf dem Land wohnte, hatte meist einen Garten am Haus.*

Egal, ob herrschaftliches Gutshaus mit ausladenden Kronleuchtern über dem großen Tisch im Speisezimmer oder beengte großstädtische Mietskasernen, in denen man sich die Toilette auf halber Treppe mit den Nachbarn teilte und wir Kinder ein eigenes Zimmer nicht kannten, unsere frühe Kindheit empfanden wir als unbeschwert. Dafür sorgten hauptsächlich unsere Mütter, die es verstanden, aus dem, was vorhanden war, das Beste herauszuholen.

## Eier im Glas

Unsere Mütter schafften es immer wieder aufs Neue, dass wir Sprösslinge etwas in den Magen bekamen. Vielleicht nicht immer das, was wir gern gehabt hätten, aber es reichte, um zu gedeihen. Wer auf dem Dorf lebte, verfügte in der Regel über Ländereien – ein Stück Feld, einen Garten. Dort gedieh Obst, Gemüse, Tabak. Im Hof wurde Vieh gehalten. Gänse, Enten, Kaninchen, Schweine. All das gewährleistete eine gewisse Grundversorgung.

Wer Hühner hatte, legte im Herbst rohe Eier in große Einweckgläser mit Salzlösung ein, um sie auf diese Weise haltbar zu machen und die Legepause im Winter zu überbrücken. Früchte wurden eingeweckt und zu Marmelade eingekocht. Kohl gärte im großen braunen Steintopf zu Sauerkraut. Kartoffeln und Rüben überwinterten in der Strohmiete, Äpfel in selbst gezimmerten Holzkisten im Keller. Auf dem Dorf gab es keinen Schwarzmarkt, wie später in den großen Städten. Hier wurde getauscht: Eier gegen Butter, Mehl gegen Gemüse. Geld spielte dabei eine Nebenrolle. Mit diesen Tauschgeschäften und dem, was man selbst zurückgelegt hatte, überbrückten die Dorffamilien die schwierige Versorgungslage während des Krieges besser, als die Städter dies vermochten.

So kam bei uns Landkindern zum Frühstück Haferflockensuppe auf den Tisch, die Mutter mangels Zucker mit einem Löffel Rübensirup versüßte. Der Milchmann stellte das jeweilige Kontingent für uns Kinder (täglich einen Viertelliter und für kranke Kinder einen halben Liter) in der Blechkanne vor der Haustür ab, nachdem er kurz den Klingelknopf betätigt hatte, um auf seine Lieferung aufmerksam zu machen.

Zu unseren ersten kulinarischen Erinnerungen gehörten unter anderem Pellkartoffeln und Quark. Der Quark wurde aus Sauermilch selbst gemacht und galt als ein Vorzug des Landlebens. Sobald die saure Milch richtig dick war, füllte Mutter sie in ein Leinensäckchen und hängte dies über den Ausguss, damit die Molke abtropfen konnte. Nach mehreren Stunden war der Quark fertig. Ver-

*Wir waren der ganze Stolz unserer Eltern.*

feinert wurde er mit Zwiebeln und Kräutern aus dem Garten. Die dazugehörigen Kartoffeln stammten entweder direkt vom Feld beziehungsweise aus der Miete im Keller. Hatte der Fleischer nichts im Angebot, kam Fisch auf den Tisch – Salzheringe mit Pellkartoffeln, Fischfilet mit Kartoffelsalat oder Kochfisch mit Senfsoße. Wer Hühner hatte, bereitete Eier mit Senfsoße. Das war nahrhaft und schmeckte uns Kindern allemal. Fleisch galt zu Kriegszeiten selbst bei uns Dörflern als ein Höhepunkt und blieb eigentlich den Wochenenden vorbehalten. Dann gab es zum Beispiel Ochsenbrust in Meerrettichsoße. Der Meerrettich wuchs im Garten. Mutter grub ihn aus, spülte ihn ab und rieb ihn. Überwintert wurde er zusammen mit Möhren und Rüben im Keller.

Derart üppig sah es auf den Speiseplänen der Städter kaum aus. Zur Kriegsversorgung gehörten dort eher Graupen und Kohl. Aus den Graupen bereiteten die Mütter eine Suppe, die allerdings – je länger der Krieg andauerte – immer dünner wurde und später eher an eine Wasser-, als an eine Graupensuppe erinnerte. Auf dem Land brachte ein Klecks Butter den Geschmack, auf den Städter allerdings meist verzichten mussten. Das Brot der Städter war mit Kartoffeln und Rüben gebacken. Es wurde sofort hart und knochentrocken. Später dann gab es die so genannten schwarzen Semmeln – kleine runde Semmelchen aus dunklem Mehl. Als der Hunger größer wurde, galten sie als wahre Köstlichkeit und zusammen mit Zucker als Sonntagsschmaus. Genau wie die auf der Herdplatte geröstete und mit Zucker bestreute Brotscheibe. Eine extra Gaumenfreude bereiteten uns unsere Mütter mit selbst gemachten Bonbons. Dafür karamellisierten sie Zucker im Tiegel. Wenn die Masse erkaltet war, durfte sich jedes Kind ein Stück davon abbrechen. Das schmeckte einfach köstlich.

*Nur selten gehört Mutti uns ganz allein ...*

*... aber immer häufiger muss die große Schwester oder Kusine auf uns aufpassen.*

## Rassenwahn und Mutterkult

Vor ihrer Eheschließung im nationalsozialistischen Deutschland hatten unsere Eltern den Ariernachweis erbringen müssen, der sie als reinrassig klassifizierte. Zusammen mit dem Ehetauglichkeitszeugnis wurde damit bescheinigt, dass die künftige Ehefrau – also unsere Mutter – Kinder gebären dürfe. Diesen Rassenwahn zum „Schutz des Deutschen Blutes" hatten die Herrschenden 1935 auf dem Nürnberger Reichsparteitag verabschiedet. Hermann Göring war es, der damals verkündete: „Eheschließungen zwischen Juden und Staatsangehörigen deutschen oder artverwandten Blutes sind verboten." Die arische deutsche Frau hingegen wurde von Hitler und Co. als die wichtigste Staatsbürgerin gefeiert, die ihre Rolle als Mutter möglichst vieler strammer Stammhalter und als Hausfrau am heimischen Herd wahrnahm.

Als wir geboren wurden, wendete sich das Blatt. Hitler begann, auch unsere Mütter in den Dienst seines Vernichtungsfeldzuges zu stellen. Als nämlich die Schlinge um seinen Hals im weiteren Kriegsverlauf immer enger wurde, ließ er alles, was Füße hatte, zum Kriegsdienst treiben. Selbst aus Schulkindern machte er Kindersoldaten. Hausfrauen und Mütter wurden zu Arbeiten dienstverpflichtet, aus denen sie noch wenige Jahre zuvor in Richtung Herd verdrängt worden waren. Rot-Kreuz-Helferinnen mussten an die Front. Andere Frauen leisteten in Rüstungsbetrieben Schwerstarbeit. Immer mehr hing die Kriegswirtschaft von der Arbeit der Frauen ab, während sich die älteren Geschwister daheim um uns Babys und Kleinkinder kümmerten. 1943 wurde eine halbe Million Frauen für den Krieg mobilisiert. Vergessen war damit offenbar alles, was Hitler einst vom Kult der Mütter verkündet hatte.

Vielen Müttern fehlte die starke Schulter zum Anlehnen. Sie waren mit Arbeit, Kindern, Haus und Hof allein und mussten den schwierigen Kriegsalltag ohne Unterstützung ihrer Ehemänner meistern. Das funktionierte nur, indem man eng zusammenhielt. In der Familie, in der Nachbarschaft. Nachbarn und Freunde halfen sich gegenseitig, die immer komplizierter werdenden Zeiten zu meistern. So lernten auch wir frühzeitig, mit dem Wenigen, was wir hatten, glücklich zu sein.

*Die Härten der Kriegszeit versuchen unsere Mütter von uns fernzuhalten.*

## Warschauer Ghetto

Mitte 1940 errichteten die Nationalsozialisten im Stadtzentrum Warschaus das größte Ghetto seiner Art. Dorthin deportiert wurden jüdische Menschen aus verschiedenen polnischen Regionen, aus dem unter nationalsozialistischer Herrschaft stehenden Reichsgebiet und anderen besetzten Ländern. In der Nacht vom 15. auf den 16. November 1940 wurde das Warschauer Ghetto mit einer 18 Kilometer langen und drei Meter hohen Umfassungsmauer hermetisch abgeriegelt.
Trotz Überfüllung zwangen die Nazis immer mehr Juden ins Warschauer Ghetto. Insgesamt wurden etwa 500 000 Menschen dorthin verschleppt und waren sowohl einer strikten Nahrungsrationierung als auch weiteren menschenfeindlichen Bedingungen ausgesetzt. Zudem wurden zahlreiche Ghettobewohner von der SS zu Arbeiten in verschiedenen Großbetrieben gezwungen.
Im Rahmen der von den Nazis propagierten „Endlösung der Judenfrage" wurde das Warschauer Ghetto ab Juli 1942 schrittweise aufgelöst, die Bewohner in Vernichtungslager geschickt.
Am 19. April 1943 begann die Jüdische Kampforganisation den mehrere Wochen dauernden Aufstand im Ghetto. Der Aufstand wurde bis zum 8. Mai 1943 von der SS blutig niedergeschlagen.

## Puppen und Autos aus Holz

Wohl kaum ein Mädchen wird seine allererste Puppe vergessen, die so einzigartig war, obwohl sie – von der Oma selbst gefertigt – lediglich aus einem mit Holzmehl oder Spänen ausgestopften Stoffkörper bestand. Viel später erst gab es eine Puppe mit Porzellankopf.

*Meine erste Puppe.*

*Es war bitterkalt nur mit Wollstrümpfen, aber an lange Hosen war nicht zu denken.*

Auch deren Körper war ausgestopft und am Halsausschnitt mit einem Zugband zusammengenäht, das den Kopf festhielt. Viele Puppenkleidchen stammten noch aus Omas Beständen. Die anderen wurden – wie die Bekleidung für uns kleine Menschlein – selbst genäht, gestrickt und gehäkelt. Und wie bei den Kleidchen und Blusen, die von der älteren Schwester auf die jüngere übergingen, wanderten auch die Spielsachen von einem Kind zum nächsten.

Die Jungen bekamen in dieser Zeit ihr erstes Spielzeugauto – ein gleichfalls selbstgebautes Modell, das Vater, Opa oder Onkel aus Abfallholz zimmerte und mit etwas Farbe versah. Es sah einfach großartig aus.

## Alte Hausmittel gegen Kinderkrankheiten

Kinderkrankheiten gingen freilich auch an uns nicht vorüber. Mit Bravour haben wir sie alle absolviert: Masern, Windpocken und so weiter. Das Problem bestand allerdings darin, dass die medizinische Versorgung während des Krieges längst nicht so funktionierte wie zu Friedenszeiten. Die Ärzte waren mit den Soldaten beschäftigt und Medikamente rar. Dem bereits kräftig in die Jahre gekommenen, aber zumindest nicht an der Front weilenden Landarzt blieb oft genug lediglich Omas altes Hausmittel aus getrockneten Heilkräutern. Dann bewährten sich Ka-

*Bei Krankheit war die Mütze Pflicht.*

mille, Scharfgarbe und Pfefferminze, die wir im Sommer auf der Wiese gesammelt und anschließend ausgebreitet auf alten Zeitungen getrocknet hatten. Bei Zahnschmerzen empfahl der Doktor Mundspülungen mit lauwarmem Kamillentee. Auch das langsame Kauen einer Gewürznelke oder Wacholderbeere an der schmerzenden Stelle konnte Linderung verschaffen. Im Fall einer Erkältung bereitete die Mutter einen heißen Tee aus Linden- oder Holunderblüten und steckte uns anschließend ins dicke Federbett, damit wir so richtig ins Schwitzen kamen. Unseren Husten bekämpfte sie mit Zwiebelsirup, der aus einer grob gehackten Küchenzwiebel gemischt mit etwas Rübenhonig (oder wer hatte – Bienenhonig) bestand. Die rohe Zwiebel leistete zudem bei Insektenstichen gute Dienste. Mutter rieb die betroffene Hautpartie sofort mit einer angeschnittenen Zwiebel ein und beruhigte sie anschließend mit etwas Kamille. Schwellungen behandelte sie mit einer alten Mullwindel, die sie vorher in Essig getränkt hatte.

Wen allerdings nach dem Ziegenpeter noch ein schwerer Keuchhusten erwischte, der musste in der Regel darauf hoffen, ausreichend Abwehrstoffe im eigenen kleinen Körper zu haben, um gegen die Erkrankung anzukämpfen. Denn dagegen geimpft waren die wenigsten von uns. So wie auch für die wenigsten der Besuch eines Sanatoriums in Frage kam.

## Baden – ein Ritual

Wir liebten es – das samstägliche Baderitual. Denn es roch förmlich nach Freude, wenn die Mutter ordentlich Holz und Kohlen in den großen Kessel im Waschhaus oder in den Badeofen warf und dieser das dankbar mit Knistern und Knacken quittierte. Mit großen Augen standen wir daneben, schauten zu, wie die Flammen im Schlund immer wilder tänzelten und die Emaille des Kessels langsam erwärmten. In die Wanne ging es zusammen mit den älteren Geschwistern. Und dies bedeutete allwöchentlich gegenseitiges Nassspritzen, Untertauchen und vom Badewannenrand herunterrutschen.

In der Woche wurden wir Knirpse in der Zinkschüssel geschrubbt, die Mutter auf dem Kohlenkasten in der Küche gleich neben dem Herd deponierte, damit sie immer wieder einen Schwapp warmes Wasser aus dem Kessel nachgießen konnte. Anschließend ging es ab in die gestreiften Schlafanzüge beziehungsweise weißen Baumwollnachthemden und damit direkt an den Küchentisch zum gemeinsamen Abendbrot.

Der Waschkessel diente im Übrigen nicht nur der Körperpflege. Hier wurde auch die Wäsche gekocht und im Herbst der Sirup aus Zuckerrüben hergestellt.

*So sah die Körperpflege unserer Kindheit aus.*

# Die Angst vor den Bomben

1943–1945

## Das 4. bis 6. Lebensjahr

### Unterwegs auf der Suche nach Essbarem

*Wer auf dem Land lebte, verbesserte seine Versorgungslage unter anderem durch das Halten von Vieh.*

Je länger der Krieg andauerte, desto schwieriger wurde es für unsere Mütter, ausreichend Lebensmittel zu besorgen. Es gab kaum noch etwas und der tägliche Überlebenskampf drehte sich immer mehr ums Essen. Ganz selten mal schickte der Vater aus amerikanischer Gefangenschaft ein kleines Paket mit Schokolade, Keksen, richtigem Bohnenkaffee und einem Päckchen haltbarem Brot. Darüber hat sich nicht nur die Mutter gefreut, auch wir Kinder, die inzwischen den Magen nur noch selten richtig gefüllt bekamen, geschweige denn eine solch kostbare Nascherei wie Schokolade ergattern konnten. In der Regel mussten sich die Daheimgebliebenen jedoch allein behelfen. Wer konnte, schaffte seine Kinder ab und zu in den Westen zur Verwandtschaft, deren Versorgungslage etwas besser war. Väter, die nicht an die Front mussten, waren oft tagelang unterwegs auf der Suche nach Essbarem. Meist gelang es ihnen tatsächlich, etwas mit nach Hause zu bringen. Mal war es ein Sack Kartof-

# Chronik

**11. Februar 1943**
Die deutsche Wehrmacht beginnt mit der Zwangsrekrutierung Fünfzehnjähriger als Luftwaffenhelfer.

**27. Mai 1943**
In Paris verbrennen die deutschen Besatzer rund 500 Kunstwerke, darunter Bilder von Paul Klee, Max Ernst und Pablo Picasso.

**4. Dezember 1943**
Beim schwersten Luftangriff der Alliierten auf Leipzig sterben 1800 Menschen, 140 000 wurden obdachlos.

**28. Januar 1944**
In Berlin wird zum ersten Mal der Spielfilm „Die Feuerzangenbowle" mit Heinz Rühmann gezeigt.

**20. Juli 1944**
Das Bombenattentat der Widerstandsgruppe um Oberst Claus Graf Schenk von Stauffenberg auf Hitler scheitert.

**23. Januar 1945**
Die Kriegsmarine beginnt die Evakuierung der deutschen Bevölkerung aus Ostpreußen auf dem Seeweg.

**4. bis 11. Februar 1945**
Stalin, Winston Churchill und Roosevelt treffen sich auf der Konferenz von Jalta und erkennen Frankreich als gleichberechtigte Besatzungsmacht an.

**13./14. Februar 1945**
Bei der Bombardierung von Dresden sterben mindestens 35 000 Menschen.

**3. April 1945**
Himmler befiehlt die Erschießung aller männlichen Bewohner in Häusern, an denen weiße Kapitulationsflaggen gezeigt werden.

**5. Juni 1945**
Die Regierungen der vier Siegermächte übernehmen die oberste Regierungsgewalt in Deutschland und teilen das Land – entsprechend den Grenzen von 1937 – in vier Besatzungszonen auf.

**1. Oktober 1945**
In der Sowjetischen Besatzungszone wird der Schulunterricht wieder aufgenommen.

feln, mal ein paar Zwiebeln, ein anderes Mal Steinkohlen zum Heizen des Küchenherdes oder des Kachelofens in der guten Stube, der aus Sparsamkeitsgründen ohnehin höchstens an Sonn- und Feiertagen benutzt wurde. Egal, was der Vater auch immer besorgen konnte, gebraucht wurde alles. Selbst wenn es ein noch so mickriges, aber lebendiges Zicklein war, das im Garten hinter dem Haus gedeihen konnte, etwas Milch gab und später sogar zur Ziegenmutter wurde.

Besonders die Städter litten zunehmend Hunger. Wer konnte, fuhr aufs Land, um sich Essbares zu beschaffen. Durch Tauschgeschäfte diejenigen, die noch etwas zum Eintauschen hatten, alle übrigen durch Betteln. Um ein paar Kartoffeln, eine kleine Tüte Mehl oder ein paar Rüben. Hauptsache etwas, womit sich der eigene und die daheim gebliebenen anderen hungrigen Mägen stopfen ließen.

Allerdings schrumpften selbst bei den Bauern allmählich die Vorräte. So wurde denn auch geflissentlich darüber hinweggesehen,

*Wir fühlten uns wohl in unseren von den Müttern geschneiderten bunten Kleidern.*

wenn ein Glas mit eingewecktem Obst oben schon leicht mit Schimmel übersät war. Mutter hat ihn ordentlich abgekratzt, dann wurde der Inhalt verputzt.

## Lebensmittelmarken

Die Güterknappheit im Zweiten Weltkrieg bedingte die Verwendung von Lebensmittelmarken. Diese – erstmalig zwei Tage vor Kriegsbeginn am 28. August 1939 ausgegebenen Marken – berechtigten zum Empfang von Waren des täglichen Bedarfs. Allerdings verband sich mit ihnen kein Anspruch. Ausgegeben wurde nur, was tatsächlich zur Verfügung stand. Der Lebensmittelmarke folgte wenig später die Reichskleidermarke.

Nach Beendigung des Zweiten Weltkrieges gaben die alliierten Besatzungsmächte neue Lebensmittelkarten in ihren jeweiligen Sektoren aus, die entsprechend der Schwere der Arbeit in Verbrauchergruppen von I bis V eingestuft wurden. Die dafür zugesprochenen Rationen an Brot, Fleisch, Fett, Zucker, Kartoffeln, Salz, Bohnenkaffee, Kaffee-Ersatz und Tee waren entsprechend der Möglichkeiten festgelegt. Schwerkranke, die einen höheren Kalorienbedarf hatten, bekamen auf ärztliche Anweisung eine „Schwerarbeiterzulage", die sonst eigentlich nur körperlich arbeitenden Menschen zustand.

Ausgehändigt wurden die rationierten Lebensmittel nur gegen Marke und die vom Händler geforderte Geldsumme.

Die Brotmarke galt lediglich für Brot. Für die Fleischmarke wurde auch Fisch ausgegeben.

Die Lebensmittelmarken konnten auch in Gaststätten eingelöst werden. Die jeweiligen Speisekarten vermerkten, wie viel Marken für welches Gericht benötigt wurden.

In der DDR wurden die Lebensmittelkarten bis zum Mai 1958 benutzt. Bei Urlaub oder auswärtigen Aufenthalten war eine Ummeldebescheinigung des heimischen Händlers vorzulegen.

## Kartoffeln stoppeln und Ähren lesen

Weil überall Nahrungsmittel fehlten, waren zur Erntezeit Kartoffelnstoppeln und Ährenlesen heiß begehrt. Allerdings mussten wir zunächst auf die Freigabe der Felder durch deren Besitzer warten. Stundenlang hockten wir, Jung und Alt, am Feldrand und warteten auf das ersehnte Zeichen. Als das dann endlich erfolgte, war dort meist nicht mehr viel zu holen. Wer es vorher versuchte, durfte sich nicht erwischen lassen. Und die Bauern bewachten ihre Felder streng. Nach der Freigabe wurde jeder einzelne Strohhalm weggeharkt und sorgsam aufgelesen. Wer Körner fand, zerkleinerte sie daheim in der hölzernen Kaffeemühle. Zusammen mit Wasser ergab das eine zwar recht gewöhnungsbedürftige Suppe, die jedoch das laute Knurren im Bauch für eine Weile verstummen ließ. Auch die Kartoffeln wanderten in den Topf. Jede einzelne. Wenn wir Glück hatten, ergatterten wir beim Fleischer dazu ein wenig Wurstbrühe, ansonsten musste halt Wasser genügen. Bevor sie im Suppentopf landeten, wurden die Kartoffeln auf der Gemüsereibe klein gerieben, so dass sie schließlich wie Spagetti aussahen. Die Kartoffelstärke verlieh der Suppe ein merkwürdig trübes Aussehen und eine etwas dickliche Konsistenz. Wir Kinder tauften sie deshalb Rotzfadensuppe. Da Not ja bekanntlich erfinderisch macht, ließen unsere Mütter auch die Kartoffelschalen nicht in den Müll wandern, sondern rösteten sie zum Verzehr auf dem Herd.

Im Spätherbst 1945 wurde die Rationierung eingeführt. Mit den Lebensmittelmarken entspannte sich die Situation allerdings nur leicht.

*Spielgefährtinnen am Rande des Feldes.*



## Flakhelfer – Schülersoldaten

Mit zunehmender Chancenlosigkeit im Verlauf des Zweiten Weltkrieges begann die deutsche Wehrmacht 1943 damit, noch sehr junge Burschen zum Einsatz in den Flakstellungen von Luftwaffe und Kriegsmarine heranzuziehen. Diese so genannten Luftwaffenhelfer wurden zum größten Teil aus Oberschülern der Geburtsjahrgänge 1926 bis 1928 rekrutiert. Als rechtliche Grundlage für ihre Einberufung wurde die Notdienstverordnung des Deutschen Reiches vom 15. Oktober 1938 benannt. Danach konnten jeder Bewohner und jede Bewohnerin des Reichsgebietes nach Vollendung des 15. Lebensjahres zu militärischen Diensten herangezogen werden. Das unerlaubte Entfernen von der Truppe konnte mit dem Tode bestraft werden.

Gebraucht wurden die Schülersoldaten, weil Hitler im September 1942 die umgehende Freistellung von 120 000 Mann der Luftwaffe für die Front im Osten und der Kriegsmarine für die Verwendung bei der U-Boot-Waffe befohlen hatte. Diese Männer fehlten dann bei den Flakeinheiten im Reichsgebiet.

Im Dezember 1942 galt die Anordnung zunächst für rund 68 500 Schüler, ab Januar 1944 – im Rahmen des so genannten Volkssturms – wurden weitere Schüler eingezogen. Im Sommer 1944 kamen Schüler aus Berufs- und Handelsschulen hinzu. Die 15- bis 17-Jährigen wurden zunächst überwiegend in Wohnortnähe eingesetzt, später auch in größerer Entfernung vom Wohnort. Eigentlich sollten sie während des Einsatzes auch Schulunterricht erhalten. Allerdings ließen sich die militärischen Notwendigkeiten kaum mit den schulischen in Einklang bringen. Verstärkte Angriffe der alliierten Luftwaffe bei Tag und Nacht in immer kürzeren Intervallen machten ab 1944 eine schulische Ausbildung unmöglich.

Post von der Front. Die Feldpostkarte trägt als Aufschrift hinten das Zitat Hitlers „Über allem steht die deutsche Infanterie".

## Die Tiefflieger kommen

Der Krieg war inzwischen direkt vor unseren Türen angelangt. Nicht nur in Form von Hunger, auch mit den Bombardierungen durch die Alliierten und nicht enden wollenden Flüchtlingsscharen aus dem Osten.

Zusammen mit den zerstörerischen und todbringenden Bomben erfuhren wir Kinder von weiteren schrecklichen Dingen – von Fliegeralarm, Luftschutzkeller, Verdunklungen. Die schrille Sirene, die uns mitten in der Nacht aus dem Traum riss, die Panik auf Mutters Gesicht, wenn sie uns aus dem Bett zerrte, rasch mit einer Decke behängte und uns vor sich her in Richtung Keller oder Bunker stieß, die mächtige Detonation der Einschläge einen Atemzug später, die unseren Unterschlupf erbeben ließ – das alles hat sich für immer in unser Hirn eingebrannt. Dazu diese absolute Finsternis einer ganzen Stadt, bevor im nächsten Moment die Scheinwerfer der Flaks den Himmel erleuchteten, um die drohende Gefahr am Nachthimmel zu bekämpfen.

Ein solcher Fliegerangriff konnte uns überall überraschen. Selbst am helllichten Tag mitten auf der Landstraße, als wir mit Mutter und Schwester zu Fuß unterwegs waren, um die Tante im Nachbarort zu besuchen. Da gab es keine Sirene, die uns warnte. Zum Glück verursachten die Tiefflieger so viel Fluglärm, dass ihr Herannahen nicht zu überhören war und

Der große Bruder auf Heimaturlaub von der Front.

man sich noch rasch nach einem Versteck umsehen konnte. Die Mutter fand es augenblicklich: Dicke braune Rohre, die am Straßenrand lagen und darauf warteten, verlegt zu werden. Schnell hineingekrabbelt, waren wir aus dem Blickfeld der Piloten verschwunden. Glück gehabt.

Wer in der Nähe kriegsstrategisch wichtiger Punkte wohnte, musste in dieser Zeit fast jede Nacht mit Fliegeralarm rechnen. Auch auf dem Lande. Der Fluchtweg vom nicht unterkellerten Wohnhaus zum ewig feuchten Keller unter der Scheune ging uns sozusagen in Fleisch und Blut über. Genauso wie uns der modrige Geruch des dunklen Gewölbes bis heute in den Nasen haftet. Während eines Fliegeralarms teilten wir das von einer Kerze nur spärlich ausgeleuchtete Verlies mit Ratten und Fledermäusen. Schlug eine Bombe in der Nähe ein, ergab das nicht nur einen ohrenbetäubenden Krach, sondern ließ sämtliche Mauern um uns herum zittern und beben. Unseren Müttern stand die bange Frage auf dem Gesicht geschrieben: Würden sie auch dieses Mal halten? Sie beteten und weinten. Die kleinen Kinder schrien total verängstigt. Wir schon etwas Größeren drückten unsere Gesichter in die Kittelschürzen der Mütter, um ihre Trost spendende Hand über unserem Kopf zu spüren. Schreckliche Momente. Todesängste. Und dennoch trieb es uns Jungen dann bereits bei Tagesanbruch hinaus, um die Schäden zu begutachten. Wir wollten erkunden, was geschehen war. Aber dazu gehörte auch, dass wir die entstellten und verzerrten Gesichter der Toten ansehen mussten, die von Trümmerteilen erschlagen am Wegesrand lagen.

### Das Hitlerattentat – Meilenstein des Widerstandes

Wie verbreitet der Widerstand gegen die Herrschaft von Adolf Hitler während des Zweiten Weltkrieges war, zeigte die Verschwörung, die sich um Claus Schenk Graf von Stauffenberg gebildet hatte. Als Voraussetzung für einen Staatsstreich sollte am 20. Juli 1944 zunächst Hitler aus dem Weg geräumt werden. Das Attentat missglückte und das Naziregime ließ 200 Personen hinrichten, denen eine Beteiligung an der Verschwörung nachgesagt wurde. Unter ihnen ein Generalfeldmarschall (Erwin von Witzleben), 19 Generäle, 26 Oberste, zwei Botschafter, sieben Diplomaten, ein Minister, drei Staatssekretäre sowie der Chef der Reichskriminalpolizei, mehrere Oberpräsidenten, Polizeipräsidenten und Regierungspräsidenten. Zudem erfolgten 7000 Verhaftungen.

Claus Schenk Graf von Stauffenberg wurde noch am Abend des 20. Juli 1944 im Hof des Berliner Bendlerblocks erschossen, seine gesamte Familie in Sippenhaft genommen.

## Als die Bomben auf Dresden fielen

In jener Nacht vom 13. auf den 14. Februar 1945 sahen wir, die in den Dörfern rund um Dresden zu Hause waren, wie Bombengeschwader bedrohlich tief über uns hinwegdonnerten, glücklicherweise ohne uns im Visier zu haben. Unsere Mütter wollten uns zurück in die schützenden Keller zerren, aus denen uns die Neugierde getrieben hatte. Als klar war, dass das Ziel der dröhnenden Maschinen Dresden hieß, starrten sie mit uns gemeinsam entsetzt gen Himmel.

Leichen in den Trümmern Dresdens.

Was wir kurze Zeit später zu Gesicht bekamen, erinnerte an hell erleuchtete Christbäume, die unmittelbar über der Elbmetropole durch die Luft schwebten. Brandbomben, die den Nachthimmel erleuchteten, um ihr Ziel zu treffen. Mit einem Mal war die im Talkessel gelegene Stadt taghell – und damit über viele Kilometer sichtbar. Wie ein Schwarm Heuschrecken griffen die Bomber an, entledigten sich ihrer Fracht und drehten seitlich ab, um nachfolgenden Maschinen Platz zu machen. Die Luft vibrierte, dröhnte – bis in die umliegenden Dörfer. Die Mutter schrie: „Sie bombardieren Dresden, was wird denn nun aus Großvater?" Fünf lange Tage verbrachten wir in größter Sorge um unsere Angehörigen in der zerstörten Stadt. Dann machten sich unsere älteren Geschwister mit uns auf den Weg dorthin. Den größten Teil der Strecke zu Fuß, denn das öffentliche Leben stand still. Dresden, so wie wir es kannten, gab es nicht mehr. Kaum ein Stein schien noch auf dem anderen, überall schwarzer Rauch und Schuttberge so weit das Auge reichte. Die Orientierung fiel schwer. Im Trümmerfeld der Innenstadt waren Hilfskräfte dabei, die unzähligen Leichen zu bergen. In einem zerbeulten Kinderwagen sahen wir ein verkohltes Wesen. Wenige Schritte weiter Berge von Toten. Erschöpfte, verletzte, verzweifelte Menschen auf der Suche nach Angehörigen. So wie wir. Dresden hatte seine schwersten Stunden erlebt.

Geflüchtet aus Ostpreußen.

## Die Vertriebenen

Mit ihren Planwagen, Handwagen, Kinderwagen kamen sie die kastanienbedeckte Allee entlang. Unter den dicken Ästen der Bäume versuchten sie, Schutz und Deckung zu finden.

Eine schier endlose Kolonne, die bis zum Horizont reichte. Die Vertriebenen aus dem Osten – aus Schlesien und aus Ostpreußen. Die wenigsten hatten Pferde, die sie vor die Wagen spannen konnten, also dienten sie selbst als Zugkraft ihrer Halbseligkeiten.

Als die Russen den Fluchtweg über Land abgeschnitten hatten, blieb den aus Ostpreußen Vertriebenen als letzter Ausweg nur noch das zugefrorene Haff der Ostsee. Dort boten sie feindlichen Tieffliegern ein leichtes Ziel. Wer diesem Inferno lebend entkam, wer nicht verhungert oder erfroren am Wegesrand liegen geblieben war und es bis nach Sachsen, Sachsen-Anhalt oder Thüringen geschafft hatte – der war am Ende seiner Kräfte. Ausgemergelt, hungrig, zerlumpt, von Kälte und Krankheiten gezeichnet. Dieses Bild bot sich uns Kindern, als wir uns neugierig aufmachten, diese sonderbaren fremden Gestalten anzuschauen.

Für sie war die Gefahr allerdings längst nicht vorüber, denn immer wieder griffen feindliche Tieflieger die Trecks mit Maschinengewehren an. Und hätte die Allee die Flüchtenden nicht so gut getarnt, wären sie allzu leichte Beute gewesen. So zogen sie von einem Ort zum anderen. Seit Wochen bereits auf der Suche nach einer Unterkunft und einer neuen Bleibe. In den großen Städten wurden immer mehr von ihnen abgewiesen. Aus Platzmangel. Denn wohin mit ihnen in den Städten, die durch die Bombardements selbst zahllose Obdachlose zu beklagen hatten. Also wurden die Vertriebenen über Land verteilt. Wir alle mussten enger zusammenrücken und in unseren Häusern Platz für eine Flüchtlingsfamilie schaffen. Da drängten sich manchmal vier und mehr Personen in einem Raum, der gleichzeitig als Wohnraum, Schlafraum und Küche galt. Das einzige kleine Bad im Haus wurde geteilt. Genauso wie die Lebensmittel.

Dieses Miteinander erwies sich als gewöhnungsbedürftig und nicht immer einfach. Unsere Mütter reagierten genervt und es dauerte eine ganze Weile, bis man sich halbwegs annäherte. Manchmal blieben ihnen die neuen Mitbewohner aber auch fremd. Uns Kindern war das egal. Wir freundeten uns mit den neuen Spielgefährten an. Schließlich brachten sie ganz neue Spiele mit und waren wie wir zu Streichen aufgelegt.

## Leg dich nie mit dem Hahn im Garten an

Tiere galten uns stets als Garant für einen guten Zeitvertreib. So auch der stolze Hahn im elterlichen Garten. Seines Zeichens ein echtes Mistvieh, das man nicht aus den Augen lassen durfte, denn bereits mehrfach war es ihm gelungen, uns mit seinem Angriff in die Flucht zu schlagen. Dem gebührte natürlich Rache. Und zwar mit einem Lehmklumpen, hart wie ein Stein. Als der ahnungslose Hahn also an einem Sonntagmorgen wie ein Verrückter um seine Hennen tänzelte, zielten wir mit dem

*Mit Tieren konnte man gut spielen und Späße treiben.*

*Gefährten auf dem Lande.*

Lehmklumpen auf seine Seite. Der Klumpen traf, sozusagen direkt am Hähnchenschenkel. Das Federvieh sprang mit lautem Geschrei in die Luft, um im nächsten Augenblick wieder gen Boden zu gleiten und dort regungslos liegen zu bleiben. Exakt diesen Moment beobachtete der Vater und packte zu. Nicht den Hahn, sondern den jungen Übeltäter. Und da half dann einfach gar nichts, nicht mal die Beteuerung, dass schließlich der Hahn angefangen hätte, der sich im Übrigen inzwischen wieder aufgerappelt hatte. Es hagelte eine ordentliche Tracht Prügel. Schließlich herrschten Krieg und Hunger und schließlich sollten die Hühner jeden Tag ein Ei legen und der Hahn später mal im Suppentopf landen. Der Streich jedoch hatte die Versorgung der Familie mit Hühnereiern und kleinen Küken gefährdet.

*Sie können wieder strahlen!*

## Der Krieg ist zu Ende

Endlich. Der Krieg ist aus. Für uns Kinder beschränkt sich seine schreckliche Bilanz auf den schmalen heimatlichen Horizont. Auf die Väter, an die wir uns ohnehin kaum erinnerten, mussten die meisten von uns nach wie vor verzichten. Sie waren gefallen, in Gefangenschaft geraten oder verschollen, unsere Mütter ausgemergelt und erschöpft. Das Haus, das wir zusammen mit den Vertriebenen bewohnten, eng und kalt. Damals gab es diesen furchtbaren Spruch, der sich zunächst leider bewahrheitete: „Kinder, genießt den Krieg, der Frieden wird furchtbar." Die Bedeutung dessen war uns Fünfjährigen freilich nicht klar. Wir freuten uns wie alle anderen, die Angst vor den Bomben hinter uns gelassen zu haben und nicht mehr stundenlang im feuchten, dunklen Kellerverlies verbringen zu müssen. Aus und vorbei – nur das zählte. Auch für die Zwangsarbeiter, die während des Krieges in einer unmittelbar hinter dem Gartenzaun gelegenen mehr als schäbigen Baracke untergebracht waren. Ab und zu hatte die Mutter den armen Geschöpfen eine Schale mit Äpfeln, ein andermal ein paar

Birnen oder Möhren über den Zaun zugeschoben. Wenn sie sich dabei vom Aufsichtspersonal des Lagers erwischen ließ, hagelte es Schelte. Im Krieg hörten wir immer wieder Schreie aus dieser Richtung und waren neugierig zum Gartenzaun gelaufen. Von dort hatte Mutter uns Kinder dann mit Gewalt weggezerrt. Noch erinnern wir uns deutlich an ihr verblüfftes Gesicht, als wir nach Kriegsende eines Morgens im etwas abseits vom Wohnhaus gelegenen Garten eine fröhliche Gesellschaft antrafen. Es waren jene fremden Männer und Frauen von der anderen Seite des Gartenzaunes, die sich jetzt ausgelassen auf unserem Grundstück verlustierten.

## Deutschland ist unterwegs

Bomben fielen jetzt zum Glück nicht mehr und dennoch ging es ums nackte Überleben. An erster Stelle um die Versorgung und um ein Dach über dem Kopf. Wirtschaft und Infrastruktur waren komplett zusammengebrochen. Zahlreiche ausgebombte Städter sahen sich, von Trümmerbergen umgeben, weit entfernt jeglicher Normalität.

Zudem schien in diesen Nachkriegstagen halb Deutschland unterwegs zu sein. Die Ausgebombten suchten ein Dach über dem Kopf, die Vertriebenen aus dem Osten ein neues Zuhause. Wo aber lag dieser noch unbekannte Ort? Familien aus dem Exil kehrten in die Heimat zurück und fanden diese nach Jahren des Herumreisens und Versteckens in schrecklichem Zustand vor. Für viele Exilkinder war diese Rückkehr der erste Kontakt mit der Zerstörung. Orte der frühen Kindheit, die in den vergangenen Jahren ohnehin nur noch in der Erinnerung existierten, waren nicht wiederzuerkennen. Entlassene Soldaten begaben sich auf den langen beschwerlichen Weg in Richtung Heimat. So schnell wie möglich wollten sie ihre Familien wieder sehen. Tausende von Fremdarbeitern, die während des Krieges für die deutsche Rüstungsindustrie zwangsverpflichtet waren, zog es weg von den Orten der Pein und des Grauens. Dazu kamen all jene, die tagein, tagaus versuchten, einen der wenigen Plätze in den nur selten fahrenden Vorortszügen der Städte zu bekommen, um auf dem Land Lebensmittel zu ergattern.

Der Osten Deutschlands wurde zur sowjetischen Besatzungszone und stand fortan unter der Leitung der sowjetischen Militäradministration. Diese hatte zwar bereits im Sommer 1945 die Industrieproduktion wieder aufgenommen, gearbeitet wurde allerdings vorerst ausschließlich für den Bedarf der Sowjetunion.

*Allmählich kehrte wieder Normalität in unseren Alltag ein.*

# Auf dem Weg in ein neues Leben

1946–1949

## Das 7. bis 10. Lebensjahr

### Hunger und Kälte

Noch immer waren viele Mütter allein für uns verantwortlich, weil unsere Väter im Krieg geblieben waren oder als vermisst galten. Hunger und die eisige Kälte des Winters 1946/1947 galten als unsere täglichen Begleiter. Die Lebensmittelmarken reichten nicht hinten und nicht vorne. Auf die Kinderkarte – die Karte mit der Nummer vier – gab es zum Beispiel 300 Gramm Brot am Tag. Angehörige der Intelligenz bekamen täglich nur 250 Gramm Brot. Schwerarbeiter hatten Anrecht auf 500 Gramm. Am Morgen schnitt Mutter die Tagesration ab und jedes von uns Kindern bekam seinen Anteil. Schnell lernten wir, wie klein ein solches Stück Brot war, das den ganzen Tag reichen musste. Obst galt in den Städten fast gänzlich als Fremdwort. Die einzige Ausnahme bildeten Kinder bis zu fünf Jahren. So vorhanden, erhielten sie als Sonderzuteilung zu Weihnachten ein paar Äpfel, für die sich die Mutter mit uns im Schlepptau in eine riesige Schlange einreihte.

Landkinder hatten es da eindeutig besser. Wenn geschlachtet wurde, kamen sogar frisches Fleisch und Schweineschmalz auf den Tisch. Ein Luxus, von dem die Städter im ersten Nachkriegsjahr nur träumen konnten. Wir Landkinder stopften unsere Mäuler auch, indem wir dem Bauern heimlich lecker duftende gedämpfte Kartoffeln stibitzten, die er als Schweinefutter bereitet hatte.

In Ermangelung von Zucker schnitzelte die Mutter Zuckerrüben und presste sie anschließend aus. Der Saft wurde anschließend im Waschkessel gekocht und ergab einen dicken süßen Sud, den Zuckerrübensirup. Das alles passierte natürlich schwarz, denn in der sowjetischen Besatzungszone, zu der wir ja inzwi-

# Chronik

**19. Januar 1946**
In den Kinos der sowjetischen Besatzungszone startet „Der Augenzeuge" – die erste deutsche Wochenschau seit Kriegsende.

**7. März 1946**
Die Freie Deutsche Jugend (FDJ) wird gegründet. Ihr folgt Mitte April 1946 der Gründungsparteitag der Sozialistischen Einheitspartei Deutschlands (SED).

**20. November 1947**
In London heiratet Prinzessin Elizabeth, die spätere Königin Elizabeth II. von Großbritannien, Oberleutnant Philip Mountbatten.

**18. Dezember 1947**
Der Thüringer Landtag spricht sich für die Abschaffung des so genannten Abtreibungsparagraphen, § 218 des Strafgesetzbuches, aus und fasst einen entsprechenden Beschluss.

**30. Januar 1948**
Der geistige Führer der indischen Unabhängigkeitsbewegung, Mahatma Gandhi, wird ermordet.

**26. Juni 1948**
Als Antwort auf die Berlinblockade der Sowjetunion beginnen Briten und Amerikaner mit der Versorgung Westberlins über die Luftbrücke.

**13. Oktober 1948**
In Zwickau übererfüllt der Bergmann Adolf Hennecke sein Tagessoll an Steinkohle mit 387 Prozent und gibt damit den Startschuss für die Aktivistenbewegung in der sowjetischen Besatzungszone.

**25. Januar 1949**
UdSSR, Polen, Rumänien, Bulgarien, Ungarn und die Tschechoslowakei gründen den Rat für gegenseitige Wirtschaftshilfe (RGW). Die DDR tritt 1950 bei.

**19. März 1949**
Der Volksrat der Länder der sowjetischen Besatzungszone verabschiedet die Verfassung der DDR.

**12. Mai 1945**
Die Sowjetunion hebt die Berlin-Blockade auf.

**7. Oktober 1949**
Die Deutsche Demokratische Republik wird gegründet.

*So wohnten wir auf dem Lande.*

schen gehörten, musste selbst der Bauer quasi jede Rübe einzeln nachweisen. Dennoch gingen Schnitzelmaschine und Rübenpresse von Haus zu Haus.

Dass man im Dorf gegenüber den Behörden zusammenhielt, verstand sich von selbst.

Viele Städter strömten aufs Land, um bei den Bauern Lebensmittel einzutauschen. Wärmendes Bettzeug gegen ein paar Kartoffeln und etwas Obst. Ein erhalten gebliebenes Grammophon gegen ein Stück Fleisch. Dabei häuften die Bauern kleine Reichtümer an und der Spruch „Jeder Kuh die eigene Couch" machte die Runde. Treffender ließ sich die Lage im Hungerwinter 1946 kaum darstellen.

Auch unter der eisigen Kälte litten Städter stärker als die Landbevölkerung, deren Chancen, etwas Brennbares für die Öfen aufzutreiben, allemal größer waren als in

*Im zerbombten Berlin lebten viele Menschen in Notwohnungen. Die Ofenwärme reichte gerade mal zum Aufwärmen der Hände.*

den Trümmerbergen zerbombter Städte. Dort wurde alles zu Brennholz gemacht, was irgendwie entbehrlich war. Selbst vorhandenes Parkett und Dielen aus den Wohnungen. Bücher und Möbel sowieso. Alles getreu dem Motto „Not kennt kein Gebot". Was im Übrigen auch für das Stehlen galt, zu dem uns die Mütter zusammen mit unseren älteren Geschwistern losschickten, als sie vor der Wahl zwischen Erfrieren und dem Klauen von Kohlen standen. „Lasst euch bloß nicht erwischen", schärften sie uns vorher ein. Und da selbst beim Stehlen schon damals das Gesetz des Stärkeren galt, haben wir beim Kohlenklau so manch Gerangel auf der Straße über uns ergehen lassen müssen. Oft wurden die Kohlen unterwegs noch mal versteckt. Schließlich konnte jeder von uns schwächlichen Knirpsen und Mädels gerade mal acht bis zehn Briketts wegschleppen. Wenn der Ofen daheim dann für wenige Stunden bollerte, standen wir eng gedrängt davor, um ein wenig dieser wertvollen Wärme zu erhaschen.

## Unsere Väter, gar sonderbare Wesen

Unsere Väter kannten viele von uns lediglich aus den Erzählungen unserer Mütter, Omas und Tanten. Als dann eines Tages jener bärtige fremde Mann in abgewetzter Kleidung, mit ungepflegtem Haar, eingefallenen Wangen und dunklen Augenringen vor uns stand, den uns Mutter als unseren Vater vorstellte, war dieser zwar ersehnte Augenblick mit vielen eher undefinierbaren Gefühlen verbunden. Was anfangen mit diesem unbekannten Mann, der uns stürmisch an sich drückte und fest umklammerte, so, als würden wir jeden Moment für immer ausbüchsen. Unsere Väter kannten unseren Alltag nicht und sie sprachen auch nicht über ihren bisherigen. Was im Krieg passierte, was sie erlebt hatten in den Jahren, in denen sie fort waren, das kam nicht über ihre Lippen. Und die Mütter ver-

*Vater und Mutter wieder vereint.*

boten uns unsere tausend neugierigen Fragen. Irgendwie erschienen uns die Väter nicht wirklich anwesend, obwohl sie inzwischen heimgekehrt waren. Krieg und Gefangenschaft hatten sie verändert und traumatisiert. Angesichts dessen, was sie durchgemacht hatten, brachten sie für unsere täglichen Sorgen mitunter wenig Verständnis auf.

Als sie dann schließlich wieder Arbeit fanden, weilten sie ohnehin den ganzen Tag auswärts. Am Feierabend verschwanden sie in der Kneipe, um die schrecklichen Kriegserlebnisse, die nicht aus ihren Köpfen verschwinden wollten, im Alkohol zu ertränken. Obwohl wir nicht wirklich viel von unseren Vätern hatten, die mit ihren eigenen Sorgen ausgelastet schienen, wurden wir dennoch von all jenen beneidet, die ihre Väter nicht zurückbekommen sollten. Dort stellten sich dann irgendwann neue Väter ein. Die Mütter erklärten, dass sie nach all dem Leiden jetzt mal wieder eine Schulter zum Anlehnen bräuchten. Schlimm war, dass sich diese neuen Väter in die Erziehung einmischten, die wir bis dahin gemeinsam mit unseren Müttern, Großmüttern, Tanten und Nachbarinnen ganz gut alleine hinbekommen hatten.

## Trümmerfrauen

Unter unendlichen Mühen und körperlichen Strapazen haben sie Steine aus riesigen Schutthaufen und von Ruinen geborgen, abgeklopft und mit schweren Schaufeln auf Pferdewagen verladen – die Trümmerfrauen oder offiziell „Hilfsarbeiterinnen im Baugewerbe". Allein in Berlin gab es 60 000 von ihnen. Die Schuttmengen im kriegsgebeutelten Deutschland des Jahres 1945 wurden auf mehr als 400 Millionen Kubikmeter geschätzt.

Die Arbeit der Trümmerfrauen bestand darin, aus Schutt Ziegelsteine für Neubauten zu gewinnen. In einer Personenkette wurden diese zunächst von Hand zu Hand aus den Ruinen an den Straßenrand weitergereicht, um sie dann mit einem Maurer- oder Putzhammer von Mörtelresten zu befreien. Die gesäuberten Steine mussten nach genauen Vorgaben aufgeschichtet werden: 16 Stück in einer Fläche, jeweils 12 Stapel übereinander und abschließend ein Mittelhäufchen von 8 Stück – so ergaben sich 200 wieder verwendbare ganze Ziegel. Aufbereitet wurden auch halbe Ziegel sowie Balken, Stahlträger, Herde, Waschbecken, Toilettenbecken, Rohre und so weiter. Was am Ende übrig blieb, wurde von den Frauen auf Schubkarren, Pferdewagen und Feldeisenbahnen (die so genannten Trümmerbahnen), Lastautos oder Arbeitsstraßenbahnen zum Abtransport geschippt.

Die alliierten Besatzungsmächte – USA, Frankreich, Großbritannien und Sowjetunion – hatten Befehle herausgegeben, wonach alle Frauen zwischen 15 und 50 Jahren sich zu dieser Arbeit zu melden hatten. Belohnt wurden ihre Mühen mit der besseren Kategorie II im fünfstufigen Berechtigungssystem der Lebensmittelzuteilungen, auf das viele der Frauen dringend angewiesen waren. Denn oft waren sie die Einzigen, die auf diese Weise eine ganze Familie, die nur noch aus Großeltern, Frauen und Kindern bestand, zu ernähren hatten.

*Trümmerfrauen in Berlin.*

*Lieblingsbekleidung der Jungen war die Lederhose.*

## Pullover auf Bezugsschein

Nicht nur Lebensmittel gab es auf Bezugsschein, auch Anziehsachen und Schuhe. Wenn in der Zeitung stand: „Freigegeben sind die Punkte für Schuhe ...", dann machten sich unsere Mütter umgehend mit uns auf den Weg, damit wir etwas vom strengen Kontingent abbekamen. Wer den Aufruf verpasste, hatte das Nachsehen. Für Unterwäsche, Pullover und Schuhe gab es beispielsweise nur alle zwei Jahre einen Bezugsschein. Demnach war auch hier neben Sparsamkeit jede erdenkliche Kreativität gefragt. Das bedeutete selbst schneidern – und galt auch für Schuhe, die Vater aus alten Reifen fertigte. Sandalen mit schmalen Riemchen, an den Sohlen verklebt und vorn mit einer Schnalle versehen, entstanden auf einer groben Sattlernähmaschine im Keller. Mutter zauberte derweil in der Küche aus alten Sachen neue. Aus zusammengestückelten Stoffresten ließ sie mit großer Fingerfertigkeit auf der alten Singernähmaschine phantasievolle Kleider, Blusen und Röcke entstehen.

Der Sattler aus der Nachbarschaft, der den Bauern das Zaumzeug für das Vieh fertigte (damals wurden auch Kühe vor den Pflug gespannt), schneiderte die Lederhosen, die wir Jungen heiß liebten. Und das, obwohl die al-

*Unsere Kleidung bestand aus selbst Genähtem und selbst Gestricktem. Weiße Kniestrümpfe blieben den Wochenenden vorbehalten.*

lerersten Hosen, die wir bekamen, so steif waren, dass wir sie bequem hätten in einer Ecke abstellen können. Damit nicht genug, denn weil sie so hart waren, drückten sie zudem mächtig in der Leiste.

Um die wenigen Schuhe, die wir besaßen, zu schonen, waren wir in der warmen Jahreszeit zumeist barfuß unterwegs.

## Feste der Freude

Nikolaus und Weihnachten gehörten zweifelsohne zu den Höhepunkten des Jahres, die wir Kinder voller Spannung und Ungeduld herbeisehnten. Denn trotz der schwierigen Versorgungslage nach dem Krieg versuchten unsere Eltern, selbst das Unmögliche auf unseren Wunschzetteln möglich zu machen. Ganz zu unserer Freude natürlich.

Am Abend des fünften Dezember bürsteten und wienerten wir unsere abgewetzten alten Stiefel mit noch vorhandenen Schuhcremeresten und mit Fett aus Mutters Speisekammer. Anschließend stellten wir sie ordentlich in Reih und Glied vor der Zimmertüre auf. Natürlich fiel es schwer, bis zum nächsten Morgen zu warten. In unseren Stiefeln fanden wir selbst gemachte Plätzchen und Malzbonbons. Was für eine Kostbarkeit. Nur für uns. Manchmal steckte allerdings auch eine Rute drin. Ja, dann wussten wir, was uns der Nikolaus damit sagen wollte.

Zum Weihnachtsfest, zu dem sich die Familie – einschließlich Onkel und Tanten, Nichten und Neffen – versammelte, wurde zunächst gemeinsam der Tannenbaum geschmückt. Selbst wenn dieser noch so mickrig wirkte, weil natürlich auch Weihnachtsbäume kurz nach dem Krieg als Mangelware galten, waren wir gewillt, einfach alles aus ihm herauszuholen. Unter anderem dadurch, dass wir in die Stellen des Baumstammes, die uns besonders kahl erschienen, mit dem Küchenmesser Löcher bohrten und mit Zweigen aus üppigeren Baumteilen auffüllten. Dekoriert wurde der Baum mit richtigen Wachskerzen, die unsere Eltern wer weiß wo aufgetrieben hatten. Vielleicht hatte es für den Vater ja eine Sonderzuteilung für gute Arbeit im Betrieb gegeben. Das Bleilametta stammte noch aus den Vorjahren. Mutter hatte es zuvor fein säuberlich glatt gebügelt. Dazu dekorierten wir unseren Baum mit Nüssen und getrockneten Apfelringen. Ähnlich wie zu anderen festlichen Anlässen ging es um das gekonnte Improvisieren.

Der Weihnachtsmann brachte praktische Geschenke: selbst gestrickte Strümpfe, Handschuhe, Pullover. Auch das eine oder andere Spielzeug, dem die Kinder der Verwandtschaft inzwischen entwachsen waren. Oder gar eine Tafel Vitalade – ein Schokoladenersatz. Geschenkpapier gab es nicht, so holte der Weihnachtsmann die Präsente uneingepackt aus seinem groben Mehlsack. Nach der Bescherung versammelte sich die Familie zum Festschmaus. Zum Beispiel zu Würstchen mit Kartoffelsalat. Bei den Bauern wurde zu Weihnachten ordentlich aufgetischt – ein übers Jahr gut gefüttertes Karnickel geschlachtet und mitunter sogar ein Schwein. Dazu gab es selbst gemachten Obstwein aus Kirschen, Äpfeln oder Johannisbeeren und Deputatschnaps. Nach Radio- oder Schallplattenmusik wurde getanzt. Es war Weihnachten und es herrschte Frieden – was wollte man mehr.

## Der Augenzeuge

Die berühmte Kinowochenschau der DDR wurde von der DEFA produziert. Die erste Ausgabe flimmerte am 19. Februar 1946 über die Leinwand. Anfangs erschien der Augenzeuge alle zwei Wochen, ab August 1946 wöchentlich. Sein Motto lautete: „Sie sehen selbst, Sie hören selbst, urteilen Sie selbst!" Verantwortlicher Redakteur und Produktionsleiter war Kurt Maetzig.

Von Dezember 1946 bis zum Jahresbeginn 1949 begann jede Folge mit der Aktion „Kinder suchen ihre Eltern". Ab 1947 wurden im Austauschverfahren auch Beiträge aus Wochenschauen westlicher Länder aufgenommen.

Die beliebte Sportberichterstattung in der Rubik „Sport im Bild" gab es seit 1954. Von März 1957 bis Dezember 1960 erschien der Augenzeuge als erste und einzige Wochenschau der Welt zweimal wöchentlich. Die erste Farbwochenschau gab es ab dem Jahr 1972, die letzte Ausgabe des Augenzeugen am 19. Dezember 1980.

*Einschulung im September 1946.*
*Die Schultüte – unser ganzer Stolz.*

*Als aufmerksamer Schüler.*

# Endlich Schulkind

Endlich war es so weit, unsere Schulzeit nahte. Schüler zu sein, das bedeutete dazuzugehören, zu den Großen, die schreiben, lesen und rechnen konnten. Und natürlich gab es die Einschulung, ein Fest, bei dem wir im Mittelpunkt stehen würden. Eigens dafür hatten unsere Mütter den Mädchen neue schicke Kleider und den Jungen adrette Hemden genäht. Dazu trugen die Mädchen knielange Röcke und die Jungen kurze Hosen. Bei niedrigen Temperaturen wurden beide Kleidungsstücke mit langen braunen Strümpfen aus Zellwolle kombiniert, die wir in Taillenhöhe mit Knöpfen an einem Lochgummi oder einem Leibchen befestigten.

Unsere Schulranzen stammten vom Sattler aus der Nachbarschaft. Hefte kannten wir zu-

*Die Mädchen rechts, die Jungen links.*

nächst noch nicht, dafür aber gab es kleine Schultafeln aus schwarz angestrichener Presspappe, auf der sich mit einer Art Schieferstift schreiben ließ. Allerdings durfte man nicht zu stark aufdrücken, sonst ging die Pappe kaputt. Das Geschriebene musste anschließend mit einem kleinen Schwamm, der ständig krümelte, wieder abgewischt werden. Zur Aufbewahrung schob man ihn in ein Loch, das unten in die Tafel eingearbeitet worden war.

Manche Eltern hatten die winzigen rechteckigen Schiefertafeln aus der eigenen Kindheit aufgehoben, die sie ihrem Nachwuchs jetzt mit auf den Lernweg geben konnten. Später dann schrieben wir mit Tinte und Federhaltern, wobei jeder Schüler sein eigenes Tintenfass mitbrachte, das in einer Mulde oberhalb der schrägen Holzbänke im Klassenraum aufgestellt wurde. Schulbücher erhielten wir erst ab einer höheren Klasse. Zu Anfang wurde der Lernstoff im Klassenraum an die Tafel geschrieben.

Zur Einschulung erwarteten uns die an einem Apfelbaum auf dem Schulhof aufgehängten kunterbunten Zuckertüten, die unsere Eltern bereits vor der Feier beim künftigen Klassenlehrer abgegeben hatten. Und die sie mit Obst, selbst gebackenen Keksen, ein paar Nüssen und Schrotbrötchen gefüllt hatten. Wie glücklich waren wir darüber. Schließlich handelte es sich um Gaben, die in der sowjetischen Besatzungszone, der die verheerenden Kriegsauswirkungen zu schaffen machten, keinesfalls als selbstverständlich galten.

Viele Lehrer hatten selbst gerade die Ausbildung abgeschlossen und waren als Neulehrer an die Schulen geschickt worden. Andere hatten bereits vor der Naziherrschaft gelehrt und waren jetzt als Rentner noch einmal gefragt. Die Umstrukturierung des Schulwesens brachte viel Unruhe in unsere ersten Schultage. Längst nicht alle Stellen konnten mit neuen Lehrkräften besetzt werden, so dass auch der Unterricht nicht geregelt stattfand. Dann wieder fielen Stunden aus, weil die Schule mangels Brennholz und Kohle eiskalt blieb oder das Gebäude als Ergebnis früherer Bombardements gar als einsturzgefährdet galt. Uns störte das weniger, denn jeder Ausfall bedeutete einen zusätzlichen freien Tag zum Herumtollen.

*Wenn sich in der Schule der Fotograf angesagt hatte, machten wir uns besonders schick.*

## Ein neuer Rhythmus

Ganz ehrlich, wir hatten nicht geahnt, was es bedeutete, sich an einen völlig neuen Tagesrhythmus zu gewöhnen, der jede Menge Disziplin erforderte und bei dem auf einmal nicht mehr das Spielen im Vordergrund stand. Stillsitzen und Zuhören fiel uns verdammt schwer. Und nicht immer konnten wir es bis zum Ende einer Schulstunde durchhalten. Unsere Lehrer zeigten dafür allerdings wenig Verständnis. Wer störte, wurde bestraft. Die mildeste Variante bestand darin, die Störenfriede in die Ecke des Klassenzimmers zu verbannen. Verschärftes Schwatzen brachte dann allerdings den Verweis vor die Klassenzimmertür. Das war natürlich peinlich, zumal jeder Vorübergehende sofort Bescheid wusste. Welche Wahl blieb einem in diesem Fall? Doch wohl nur die, sich möglichst rasch aus dem Schulhaus zu verkrümeln. Eine Tatsache, die wiederum weder dem Klassenlehrer noch der Mutter daheim verborgen blieb. Der Lehrer trug einen Tadel ins Klassenbuch ein und Mutter ahndete den Verstoß mit einer Arreststunde im verhassten Keller.

Doch nicht immer waren es Dumme-Jungen-Streiche, die die Kritik unserer Lehrer heraufbeschworen. Da gab es zum Beispiel den Mitschüler, der während des Unterrichts einschlief, weil er als Bauernsohn bereits morgens um vier Uhr im Stall gestanden hatte, um das Vieh zu versorgen. Obwohl er groß, kräftig und wohl genährt war, konnte er der Doppelbelastung auf Dauer nicht Herr werden. Und das Fatale daran, tobte der Lehrer in der Schule, war ihm später auch zu Hause eine kräftige Rüge sicher. Natürlich erst, nachdem er sich nach Schulschluss wieder um das hungrig brüllende Vieh im Stall gekümmert hatte.

## Die DDR wird gegründet

Im Verlauf der Teilung Deutschlands in vier Besatzungszonen driftete sowohl die wirtschaftliche als auch die politische Entwicklung zwischen den westlichen und der sowjetischen Besatzungszone immer weiter auseinander. Die Spannungen führten zum Kalten Krieg. 1947 schlossen sich die britische und amerikanische Besatzungszone zur Bizone zusammen, die durch den amerikanischen Marshallplan wirtschaftlich deutlich gestärkt wurde. In der SBZ hingegen wurde noch immer demontiert, im Rahmen der zwischen den Siegermächten in Jalta vereinbarten Reparationen. Ganze Industrieanlagen wurden in die Sowjetunion gebracht und die wirtschaftliche Entwicklung in der SBZ dadurch stark behindert.

Am 20. Juni 1948 machte die auf die westlichen Besatzungszonen beschränkte Währungsreform die Teilung Deutschlands zur Gewissheit. Drei Tage später wurde in der sowjetischen Besatzungszone eine eigene Währungsreform beschlossen. Nachdem die westdeutsche Währung gegen den Willen des sowjetischen Oberbefehlshabers auch in den westlichen Sektoren von Berlin eingeführt worden war, versuchte die Sowjetunion durch die Berlin-Blockade ganz Berlin in ihre Hand zu bekommen. Die Westalliierten entschieden daraufhin, Berlin durch eine Luftbrücke zu versorgen. Insgesamt elf Monate lang versorgten sie die Westberliner Bevölkerung mit Hilfsgütern.

Nachdem auf dem Gebiet der drei Westallierten in der inzwischen geschaffenen „Trizone" die Bundesrepublik Deutschland gegründet worden war, erfolgte am 7. Oktober 1949 auf dem Gebiet der sowjetischen Besatzungszone die Gründung der DDR.

## „Seid bereit, immer bereit!"

In der dritten Klasse wurden wir als Jungpioniere in die gerade gegründete Pionierorganisation aufgenommen und durften seither das blaue Halstuch tragen. Unsere Motivationen für diesen natürlich freiwilligen Schritt waren unterschiedlich. Manche taten ihn, weil das eben so üblich war. Andere, weil es schließlich dieses schöne Pionierhaus gab, das jede Menge aufregender Nachmittagsbeschäftigungen bot. Die meisten jedoch legten ihr Pionierversprechen, immer bereit zu sein, voller Stolz ab. Den speziellen Pionierknoten des blauen Halstuches, das jeder junge Pionier trug, beherrschten wir schon bald aus dem Effeff. Und zu den Fahnenappellen in der Schule hoben wir stolz die Hand zum Pioniergruß: „Seid bereit, immer bereit!" Zu besonderen Anlässen wurde das Halstuch mit einer weißen Bluse beziehungsweise einem weißen Hemd kombiniert, die am linken Ärmel das Emblem der Pionierorganisation trugen. Frisch gebügelt und gestärkt hielten unsere Mütter diese Kleidungsstücke immer bereit. Zum Beispiel wenn der Präsident unseres Landes, Wilhelm Pieck, uns Pioniere besuchte. Der weißhaarige sympathische Mann war damals sehr beliebt.

Aber es gab auch Eltern, die ihre Sprösslinge nicht so gern in der Pionierorganisation sahen. Sie vertraten

*In Pionierbluse vor der Übergabe der blauen Halstücher.*

*Musik gehörte zu unserem Leben dazu.*

die Meinung, mit Bluse und Halstuch würde es anfangen und mit der Uniform könnte es enden. Zu tief saßen die unheilbaren Wunden all jener Mütter, deren Söhne trotz zartester Jugend in eine Uniform gesteckt, in den Krieg geschickt wurden und von dort nicht zurückkehrten. Das Bekenntnis zum neu gegründeten Staat DDR, zu seinen Idealen, wie sie auch von der Pionierorganisation vertreten wurden, musste erst wachsen.

## Suppe, Suppe und noch mal Suppe

Unsere tägliche Versorgung während der Schulzeit erfolgte ganz unterschiedlich. In manchen Schulen existierte bereits eine Schulspeisung. Zur großen Pause, die wir auf dem Schulhof verbrachten, erschien ein LKW mit Essen in Kübeln. Meist gab es Suppe: Kohleintopf, Rübeneintopf, Graupeneintopf, manchmal auch Erbseneintopf. Seltener waren Kartoffeln mit Soße oder mit Magerquark. Fleisch stand fast nie auf dem Speisezettel, für den unsere Eltern pro Woche rund 60 Pfennige bezahlten. Die Lehrer verteilten das Essen mit einer Aluminiumkelle in Kochgeschirr aus Blech, das noch aus Wehrmachtsbeständen stammte.

Für die Schulen, die keine warme Mahlzeit boten, schmierte Mutter morgens Brote, die wir in einer Blechbüchse mitnahmen. Oft waren sie knochentrocken oder nur so dünn mit Fett bestrichen, dass nicht mal der ebenfalls dünne Belag daran haften blieb. Für uns bedeutete dies wieder einmal, uns selbst zu helfen. Zur Erntezeit war das eigentlich auf dem Land auch gar kein Problem. Da gab es ja Gärten und Felder mit allerlei frischen Leckereien. Erwischen lassen durfte man sich zwar nicht, aber dazu waren wir nun mal viel zu flink …

## Hopse, Hasche und Verstecken

Viele Jungen und Mädchen unseres Jahrganges kannten weder Kindergarten noch Hort. Wir waren noch auf uns selbst gestellt. Aber Langeweile – nein, die kam dabei nie auf. Die Landjugend hütete im Sommer Kühe, traf sich mit ihren Freunden, um gemeinsam im Wald Buden zu bauen, war mit dem Fahrrad unterwegs. Für das Hüten der Kühe konnte man sich beim Bauern manchmal sogar 50 Pfennig am Tag verdienen. Und eine große runde Brotscheibe gab es noch dazu. Nicht zu vergessen die Milch, die wir uns – allerdings heimlich – auf der Wiese molken. Einen Becher beziehungsweise eine leere Büchse hatten wir, ver-

*Ausflug in den Tierpark mit den Geschwistern.*

*Unsere Spielkameraden.*



steckt unter dem Pullover, stets dabei. Ein kleines Taschengeld sprang auch für das Sammeln von Kartoffelkäfern heraus. Für gefangene Hamster, die tot beim Bauern abgeliefert wurden, gab es die Hamsterprämie.

Während der Wintermonate, in denen eigentlich immer genügend Schnee lag, wurde gerodelt und Ski gefahren. „Bahn frei, Kartoffelbrei" lautete unser Schlachtruf auf den Pisten. Und dann sausten wir auch schon los, mehrere Schlitten aneinandergekettet, den Hang hinab. Wir Mädchen spielten mit Puppen. Gern auch mit dem Springseil oder mit Murmeln. Im Freien waren Hopse, Hasche oder Verstecken angesagt. Wir liebten Gruppenspiele wie „Lirum, larum Löffelstiel" oder „Der Plumpsack geht rum". Zu unseren Favoriten gehörte auch: „Wir wollen die Merseburger Brücke bauen, wer hat sie denn zerbrochen."

Jahresunabhängig war das Kasperletheater. Denn die karierte Decke, die Mutter dafür auslieh, ließ sich sowohl im Garten zwischen zwei Bäume oder Gartenstühle spannen und mit Wäscheklammern befestigen, als auch im Winter in der Wohnstube aufbauen. Kasper, Teufel und Großmutter hatten damals geschnitzte und bemalte Holzköpfe, an deren Hälsen die Kleidung aus buntem Stoff befestigt war.

*Im Winter wurde die Straße zu unserer Rodelbahn.*

# Die Unterschiede werden deutlicher

1950–1953

## Das 11. bis 14. Lebensjahr

### Die DDR – unser neues Zuhause

Wir waren elf und mittlerweile frisch gebackene DDR-Bürger. Unseren Alltag veränderte dieser Umstand allerdings zunächst kaum. Natürlich hörten wir von den Lehrern in der Schule und daheim aus dem Radio, dass wir jetzt einen Präsidenten hatten, der Wilhelm Pieck hieß, dass die neue Regierung einen Fünfjahresplan verabschiedet hatte, der uns schon bald eine bessere Lebens- und vor allem Versorgungslage bescheren sollte. Auch, dass Frauen im Arbeitsprozess ab sofort den Männern gleichgestellt waren, was gleichen Lohn für gleiche Arbeit bedeutete.

Sehr viel dichter an den spürbaren Veränderungen jener Tage waren die Berliner, wo die vier Sektoren der geteilten Stadt direkt aufeinandertrafen. Und wo die Unterschiede zwischen der amerikanischen, britischen und französischen zur sowjetischen Besatzungszone inzwischen immer deutlicher hervortraten.

Bei hauptstädtischen Halbstarken, die sich nicht vordergründig für Politik begeisterten, weckten ganz profane Dinge Interesse. Im Westen standen Automaten mit Coca-Cola, Kaugummi und HB-Zigaretten, die so manches heranwachsende Herz durchaus höher schlagen lassen konnten. In den Westkinos liefen Filme, die man sich nicht entgehen lassen wollte. Zum Beispiel „Sie tanzte nur einen Sommer", vom schwedischen Regisseur Arne Mattison mit Ulla Jacobsson in der Hauptrolle. Der Film enthält eine kurze Nacktszene – Anfang der 50er Jahre ein Skandal – und hatte deshalb auch eine Altersbeschränkung. Zum Glück gab es für solche Fälle ja die erfinderi-

# Chronik

**8. Februar 1950**
Das Ministerium für Staatssicherheit wird gebildet.

**1. Mai 1950**
In der DDR tritt das Gesetz der Arbeit in Kraft, in dem unter anderem festgelegt wird, dass Frauen weitgehend von der Hausarbeit entlastet und im Arbeitsprozess Männern gleichgestellt werden sollen.

**15. Oktober 1950**
Die Wahlen zur Volkskammer, zu Land-, Kreistagen und Gemeindevertretungen der DDR finden statt. 99,7 Prozent der Wähler votieren für die Abgeordneten der Nationalen Front.

**5. April 1951**
In Minnesota, USA, wird erstmals bei einem Menschen am offenen Herzen mit Hilfe einer Herz-Lungen-Maschine operiert.

**9. Juli 1951**
Großbritannien erklärt als erste der drei Westmächte die Beendigung des Kriegszustandes mit Deutschland, Frankreich und die USA folgen.

**5. bis 19. August 1951**
In Ostberlin finden die III. Weltfestspiele der Jugend und Studenten statt.

**1. November 1951**
Die Volkskammer der DDR beschließt das Gesetz über den Fünfjahresplan (1951-1955). Damit beginnt die zentrale staatliche Planwirtschaft. Die „Deutsche Notenbank" wird zur Staatsbank der DDR.

**26. Mai 1952**
Eine Verordnung legt die fünf Kilometer breite Sperrzone entlang der Grenze zur BRD fest.

**9. bis 12. Juli 1952**
Die 3. Parteikonferenz der SED beschließt die planmäßige Errichtung der Grundlagen des Sozialismus.

**1. Januar 1953**
An den DDR-Schulen wird der Religionsunterricht verboten.

**17. Juni 1953**
Der Streik gegen die Normenerhöhung in Ostberlin weitet sich auf 72 Städte und zahlreiche Ortschaften in der DDR aus und wird gewaltsam zerschlagen.

*Junge Pioniere im Demonstrationszug am Lustgarten in Ostberlin.*

sche Oma aus Charlottenburg, die mittels Kleid, Hut und Schminke aus dem noch minderjährigen Buben eine junge Dame passenden Alters zauberte, die an Omas Seite selbstverständlich Zutritt ins Kino erhielt.

In eine solche Versuchung kamen wir Altersgenossen in Dresden, Leipzig und Erfurt eben nicht. Auf den Kinobesuch mussten wir dennoch nicht verzichten, zumal der Landfilm ein- bis zweimal die Woche in den Dorfgasthof kam. Im Gepäck hatte er häufig russische Märchenfilme wie „Die Schöne Wassilissa" – die Geschichte eines schönen Mädchens, das vom feuerspeienden Drachen verzaubert worden war. Sehr ans Herz ging uns der sentimentale Film „Mutterliebe". Am doppelten Lottchen, der Geschichte der süßen Zwillinge, konnten wir uns einfach nicht sattsehen. Und

*Unsere Väter bauten den Sozialismus auf ...*

*... und hatten leider viel zu selten Zeit, einen Ausflug mit uns Kindern zu unternehmen.*

natürlich hatte es uns auch das nervige „Peterle" angetan. „Fanfan der Husar" mit Gérard Philippe – einmal, zweimal, dreimal und öfter haben wir diesen Film angeschaut und uns jedes Mal wieder köstlich amüsiert. Kinobesuche mit der besten Freundin oder den Kumpels galten auf jeden Fall immer als Höhepunkte. Und gesehen haben wir alles, was der Landfilm zu bieten hatte.

## Das doppelte Lottchen

Erich Kästners Roman „Das doppelte Lottchen" erschien 1949 in Deutschland. Erzählt wird die Geschichte zweier neunjähriger Mädchen, die sich in einem Ferienlager begegnen. Dort stellt sich heraus, dass die beiden Zwillinge sind und durch die Trennung ihrer Eltern auseinandergerissen worden waren. Am Ende der Ferien beschließen die Zwillinge, ihre Rollen heimlich zu tauschen. Die Tatsache, dass beide trotz gleichen Aussehens dennoch über unterschiedliche Fähigkeiten und Charaktereigenschaften verfügen, führt bei den nichtsahnenden Eltern zu einigen Verwirrungen.

Erich Kästner galt als erster Autor der Nachkriegszeit, der sich in einem Kinderbuch an das Thema Scheidung wagte. Aus diesem Grund ist das Werk immer wieder heftig diskutiert worden. 1942 hatte Kästner (geboren 1899 in Dresden), dessen Schriften während des Krieges mehrfach verboten wurden, den Stoff als Film vorgeschlagen. Als er kurz darauf erneut Schreibverbot erhielt, wurde das Filmprojekt fallen gelassen. Inzwischen ist der Stoff mehrfach verfilmt worden.

*Zum Verwechseln ähnlich.*

## Das Tor zur Welt

Unser heißer Draht in die Welt beschränkte sich zumeist auf das, was zwischen Elbe und Oder passierte und uns über das Radio erreichte. Die Programmauswahl blieb im Wesentlichen unseren Eltern vorbehalten. In einer Zeit, da der Fernsehbetrieb noch nicht offiziell angelaufen war und entsprechende Geräte ohnehin kaum zur Verfügung standen, spielte das Hörerlebnis eine wichtige Rolle. Gab es ein jugendfreies Hörspiel, wurden wir Kinder ins Wohnzimmer gerufen. Gebannt verharrten wir vor dem Gerät, wenn zum Beispiel Benno Pludras „Ein Mädchen, fünf Jungen und sechs Traktoren", „Die Reise nach Sundevit" oder Friedrich Wolfs „Die Matrosen von Cattaro" gesendet wurden. Unsere Eltern waren Fans der Schlagerrevue mit Heinz Quermann, der sich immer mit „Tschüs und winke, winke" verabschiedete. Radio hören galt damals eigentlich immer als wichtiges gemeinsames Familienereignis.

Wer in Berlin und Umgebung wohnte, der versuchte natürlich, die „Schlager der Woche" von Rias Berlin zu empfangen. Nummer-eins-Hits wie Al Martinos „Here In My Heart", Michael Jarys „Keine Angst vor großen Tieren" sowie von Zara Leander und Caterina Valente gingen auch im Osten ins Ohr. Für den Rias-Empfang bastelten wir Jungen uns eigene Empfänger aus leeren Konservendosen und verkabelten sie mit Drähten. Selbstverständlich heimlich, immerhin gehörten Westsender in der jungen DDR zu den Tabus. Aber gerade das Verbotene lockte nun mal. Und wer konnte schon „Onkel Tobias vom Rias" widerstehen, der am Sonntagmorgen um zehn im Kinderfunk lief. Wohl dem, dessen Eltern lange schliefen, denn dann ließ sich mitunter sogar das richtige Radio mit dem viel besseren Empfang leise einschalten. Das Ohr so dicht wie möglich an den Lautsprecher gepresst, bestand allemal die Chance, unentdeckt zu bleiben. Und schließlich nahmen es auch nicht alle Eltern so genau mit den offiziell verpönten Westsendern.

*Den Stimmen aus dem Radio lauschten wir immer gebannt.*

## Zum ersten Mal: Die Aktuelle Kamera

Den offiziellen Start des Fernsehbetriebes der DDR am 21. Dezember 1952, Stalins Geburtstag, verpassten viele von uns mangels Gerät. Als erste Programmansagerin des Deutschen Fernsehfunks begrüßte Margit Schaumäker zunächst nur wenige Zuschauer vor ein paar Dutzend privaten Fernsehgeräten und in den öffentlichen Fernsehstuben. Von nun an präsentierte der „Fernsehsender Berlin" ein regelmäßiges Fernsehprogramm. Als erste offizielle Sendung flimmerte die „Aktuelle Kamera" über den Bildschirm, die ab dato zu unserem

*Aufmerksame Schüler.*

täglichen Begleiter in Sachen politische Information werden sollte.

Ein „Rembrandt 825B" mit kleiner Bildröhre aus dem Sachsenwerk galt längere Zeit als Luxus. Nur wenige Jahre später fanden auch die Modelle aus Staßfurt ihren Weg in die Wohnzimmer. Wer ein solches Gerät sein Eigen nennen konnte, der lud Familienmitglieder, Nachbarn und Freunde ein, die sich dann eng zusammengedrückt auf Sofa und Fußboden gemeinsam das Programm anschauten. Scharf waren die kleineren Kinder auf die Erzählungen von Meister Nadelöhr, die im Nachmittagsprogramm liefen. Unsere Eltern verpassten keine von Willi Schwabes „Rumpelkammer" und alle gemeinsam verfolgten wir die Unterhaltungssendung „Da lacht der Bär".

## Timur und sein Trupp

Gelesen haben wir jedes spannende Abenteuer. Viele unserer Helden waren russisch. So spielte auch die Geschichte „Timur und sein Trupp" in einem sowjetischen Dorf, in dem sich der 14-jährige Timur als Anführer eines Hilfstrupps um Witwen und andere Angehörige von Frontsoldaten kümmerte. Dabei mussten sich die jungen Hilfeleistenden gegen eine Gruppe durchsetzen, die ihnen ständig Steine in den Weg legte. Und wer erinnert sich nicht an das Mädchen Shenja, das Urlaub in Timurs Heimatdorf machte und mit ihrer Anwesenheit den Trupp kräftig durcheinanderbrachte. Wohl kaum jemand von uns hat „Timur und sein Trupp" von Arkadi Gaidar nicht gelesen. Zumal das Buch zur Pflichtlektüre im Unterricht gehörte, wo die Lehrer mit uns über Themen wie Hilfsbereitschaft, Zusammenhalt und Freundschaft sprachen.

Oder der Roman „Es blinkt ein einsam Segel", in dem Walentin Petrowitsch Katajew die Geschichte zweier Schuljungen aus Odessa erzählt, die 1905 in die Ereignisse der Novemberrevolution gerieten. Natürlich

*Die Neulehrer waren kaum älter als wir.*

haben wir auch diese spannende Geschichte verschlungen. Märchen gab es in kleinen Heften, die besonders die Mädchen gern sammelten – „Die goldene Gans" oder Grimms „Der Wolf und die sieben Geißlein". voller Stolz, andere ließen sich weniger beeindrucken und machten mit, weil das eben der vorgeschriebene Weg zu sein schien.

Unseren täglichen Schulweg legten wir mit dem Fahrrad beziehungsweise zu Fuß zurück.

## Neue Fächer in der Schule

In der Schule waren wir inzwischen in den höheren Jahrgängen angelangt, was bedeutete, dass unser Lehrplan jetzt mehr Fächer umfasste. Neben Deutsch, Mathematik, Werken, Musik und Sport auch Kunst, Biologie, Erdkunde, Geschichte und Russisch. Übrigens die erste Fremdsprache, die wir erlernten. Später kamen dann weitere Fächer wie Physik und Gegenwartskunde hinzu. Auch unsere gesellschaftlichen Verpflichtungen nahmen zu. Die meisten von uns hatten inzwischen das Pionierhalstuch gegen die blaue Bluse der FDJ eingetauscht – ein Akt, der eigentlich fast automatisch vonstatten ging. Viele vollzogen ihn

*Voller Selbstbewusstsein trugen wir unsere Pionierbluse und das Halstuch.*

*Nach dem Unterricht sind daheim noch die Hausaufgaben zu erledigen.*

Wo wir langgehen oder -fahren sollten, hatten die Eltern vorher genau festgelegt. „Zu eurer eigenen Sicherheit" – begründeten sie das. Und irgendwie gelang es ihnen immer, herauszubekommen, wann wir von dieser Route abwichen. Um eine Abkürzung auszuprobieren, um auf Nachbars Feld ein paar Früchte zu stibitzen oder dessen Kühe ein wenig über die Wiese zu scheuchen. Freilich hatten wir noch viel mehr Abenteuer auf Lager, für die es dann daheim den obligatorischen elterlichen Tadel hagelte. Die Sorge unserer Eltern teilten wir nicht, im Gegenteil, wir fühlten uns bevormundet. Schließlich waren wir fast 14 und keine kleinen Kinder mehr.

Manchmal unternahmen unsere Lehrer mit der Klasse einen Ausflug. Dieser stand unter einem ganz bestimmten Motto und widmete sich zumeist Heimatkundethemen. Wir bestimmten Baumarten, lernten den Kreislauf des Wassers anhand der Flüsse unserer Umgebung kennen und die Fische, die darin lebten. In der Mühle erklärte uns der Müller, wie das Korn gemahlen wurde. Die Stadtkinder gingen in die wieder eröffneten Museen und beobachteten die Natur in Parks. Damals erfuhren wir viele Dinge, von denen wir ein Leben lang zehren konnten. Auf den

*Nach dem Spiel posiert die Völkerballmannschaft der jungen Damen für den Fotografen.*

Wandertag freuten wir uns immer sehr, bedeutete er doch, dem Schulalltag für einige Stunden zu entkommen.

Manchmal unternahm die Klasse sogar eine Klassenfahrt. Dann ging es für drei oder vier Tage an die Ostsee, die Mecklenburgische Seenplatte, in den Thüringer Wald oder ins Elbsandsteingebirge. Übernachtet wurde in Zelten oder in Baracken, die die Betriebe den Schulen dafür zur Verfügung stellten. Wir genossen diese Tage, in deren Mittelpunkt Erlebnisse und Abenteuer standen. Gemeinsam gingen wir baden, unternahmen lange Wanderungen, spielten stundenlang Völkerball und verbrachten die Abende am Lagerfeuer. Irgendjemand hatte immer eine Gitarre dabei und Lieder kannten wir jede Menge.

*Junge Damen, die den jungen Herren zunehmend die Köpfe verdrehten.*

## Möhrenwangen und Schuhcremewimpern

Auf solchen Ausflügen bemerkten wir, die inzwischen pubertierenden Jungen, zum ersten Mal, wie die Mädchen um uns herum kokettierten. Sie hatten sich herausgeputzt und wenn wir ihnen deswegen neugierige, bewundernde Blicke zuwarfen (schließlich hatten wir sie bisher nie so gesehen), dann zierten sie sich, steckten die Köpfe zusammen und begannen, miteinander zu tuscheln. Noch verstanden wir nur wenig von diesem Gehabe. Was nur wollten uns die weiblichen Geschöpfe damit sagen? Oder waren wir etwa gar nicht gemeint? Oh doch, wir waren. Das begriffen wir dann spätestens auf dem Tanzabend, als sich die jungen Damen enger als gewohnt an uns schmiegten, sobald die Kapelle einen ruhigen Titel anstimmte. Und wir bemerkten, dass das in uns ein eigenartiges Gefühl auslöste. Etwas fremd noch, aber keineswegs unangenehm. Ja, die jungen Damen schienen uns diesbezüglich ein gutes Stück voraus,

denn sie verstanden es geradezu perfekt, uns die Köpfe zu verdrehen.

Ja, selbstverständlich hatten wir Mädchen es genau darauf angelegt. Und zwar mit allen vorhandenen Tricks. Für eine gesunde Gesichtsbräune am alles entscheidenden Tanzabend der Klassenfahrt hatten wir Mohrrüben zerdrückt. Mit Zuckerwasser wurden die Haare in die richtige Position gebracht und dort fixiert. Unsere dunklen Wimpern waren schwarzer Schuhcreme zu verdanken. In Ermangelung von Nahtstrümpfen malten wir die Naht eben direkt aufs Bein, das wir vorher mit einer undefinierbaren, aggressiven Dosenschmiere enthaart hatten.

Hatten wir Mädchen mit elf noch krampfhaft versucht, die Ansätze unserer wachsenden Brust durch entsprechend enge Unterwäsche wegzudrücken, weil wir das als peinlich empfanden, so taten wir mit vierzehn alles, um die Wölbung möglichst gut hervorzuheben und extra zu betonen. War da anfänglich nicht so viel, wie wir uns wünschten, wurden unsere ersten BHs kurzerhand mit Socken oder Watte ausgestopft.

Dass wir inzwischen zumindest biologisch zur Frau geworden waren, hatte uns zunächst tief erschreckt. Zumal Aufklärung in vielen Familien als Tabuthema galt. Die Eltern schoben sie vor sich her, versäumten sie oder überließen sie gänzlich der Schule. Als die Mütter uns Töchter dann eines Morgens heulend vor dem mit Blut beschmierten Bettlaken fanden, strichen sie uns übers Haar, nuschelten, dass das ab jetzt immer so wäre und reichten uns eine selbst gestrickte Binde herüber, die wir mit Knöpfen an einem ebenfalls eigens dafür genähten Stoffgürtel befestigen sollten. Diese Binden wurden dann ausgewaschen und draußen auf die Wäscheleine zum Trocknen aufgehängt. Wir fanden das peinlich, aber unsere Mütter störte es offenbar nicht. Zumindest wussten wir jetzt, was es mit diesen eigenartigen länglichen Stoff- oder Strickstücken auf sich hatte, die wir schon früher immer in großer Zahl nebeneinander auf der Wäscheleine gesehen hatten.

## III. Weltfestspiele in Berlin

1951 fanden in Berlin die III. Weltfestspiele der Jugend und Studenten statt. Das Weltjugendtreffen, das 26 000 Teilnehmer aus 104 Ländern vereinte, stand unter dem Motto: „Für Frieden und Freundschaft – gegen Atomwaffen". Ehrenvorsitzender war der Präsident des Weltfriedensrates Prof. Joliot-Curie aus Frankreich. Am Festival nahmen unter anderem der chilenische Dichter Pablo Neruda (Mitglied des Weltfriedensrates), die sowjetische Primaballerina Maja Plissetzaja, Martin-Anderson Nexö aus Dänemark, der türkische Schriftsteller Nazim Hikemet und der brasilianische Schriftsteller Jorge Amado teil. An der achtstündigen Demonstration, die unter der Losung „Gegen die Remilitarisierung Westdeutschlands, für den Abschluss eines Friedensvertrages" stand, beteiligten sich insgesamt 1,5 Millionen deutsche Jugendliche. Auch 36 000 junge Menschen aus Westdeutschland reisten nach Ostberlin, trotz massiver Behinderungen durch die westdeutsche Polizei. Neben einer weiteren Großveranstaltung zu Ehren Karl Liebknechts gab es während des Festivals über 200 Treffen von Delegierten, 32 Konzerte sowie 51 internationale kulturelle Wettbewerbe.
Zu Ehren der III. Weltfestspiele wurde das Segelschulschiff der späteren „Gesellschaft für Sport und Technik" in den Dienst gestellt und auf den Namen „Wilhelm Pieck" getauft.

*Das Betriebsferienlager auf Wanderung im Elbsandsteingebirge.*

## Auf ins Ferienlager

Wer in der DDR aufwuchs, besuchte mindestens ein Mal ein Ferienlager. Meist in den Sommerferien, die fast zwei Monate dauerten. Für uns bedeutete das eine willkommene Abwechslung, denn noch gehörte es nicht zur Regel, mit den Eltern in den Urlaub zu fahren. Und selbst wenn – keine Familie konnte damit die gesamte Ferienzeit ausfüllen. Wer also die Möglichkeit hatte, schickte seinen acht- bis vierzehnjährigen Nachwuchs zum Beispiel in das Betriebsferienlager, das Vaters Arbeitsstelle unterhielt. Für 20 Mark wussten die Eltern uns dort zwei oder sogar drei Wochen lang gut um- und versorgt. Unsere Reiseziele, die wir in Bussen oder mit dem Sonderzug erreichten, lagen ähnlich wie bei den Klassenfahrten an wunderschönen Plätzen mit Seen oder im Mittelgebirge. Wer Glück hatte, fuhr sogar an die Ostsee. Obwohl es eigentlich ganz egal war, wohin man reiste. Im Ferienlager gab es immer jede Menge Abenteuer, Spaß und gemeinsame Erlebnisse.

Dort angekommen, wurden wir zunächst in Gruppen eingeteilt und lernten unseren Gruppenleiter kennen, dessen Wort ab sofort zählte. Unser Tag begann – ganz im Sinne einer sozialistischen Erziehung – mit Frühsport und Morgenappell. Dann aber tauschten wir Pionierhalstuch gegen Pullover oder Nicki und gemeinsam mit der Gruppe ging es ab in

*Ferienlagerfreundschaften.*

Richtung Abenteuer. Im Ferienlager erlebten wir unsere erste Nachtwanderung. Hier erfuhren wir, was es mit diesem Kribbeln im Bauch auf sich hatte, sobald sich die Monika, die Undine oder die Roswitha mit ihren geflochtenen blonden Zöpfen eng an uns drückten. Hier schwangen wir auf der Tanzveranstaltung am Abend gemeinsam unsere Hüften zum Lipsi, sahen spannende Kinofilme und erlebten ein rauschendes Neptunfest. Noch immer haben wir ihn auf der Zunge, den Geschmack von gesüßtem Pfefferminztee und Dreifruchtmarmelade. Und noch immer können wir darüber lächeln, wie wir unsere Betreuer – manchmal nur wenig älter als wir – überlisteten, um uns nach verkündeter Nachtruhe heimlich in die Mädchenquartiere zu schleichen.

Eine wichtige Rolle spielte das sportliche Kräftemessen beim Tischtennis, Tauziehen und Völkerball ein. Oder bei der Schnitzeljagd, bei

*Wir liebten das Zelten, praktisch und preiswert.*

der sich die eine Gruppe im Gelände versteckte, durch kleine Papierschnipsel den Weg markierte und Hinweise gab, um der zweiten Gruppe die Verfolgung zu ermöglichen.

Gesungen wurde zu jeder Gelegenheit, immerhin hatten wir ein beachtliches Repertoire – vom „Kleinen Trompeter" bis „Jetzt fahr'n wir übern See".

Am schlimmsten war eigentlich immer der Abschied, den wir uns gegenseitig mit der Vorfreude auf den nächsten Sommer versüßten. Und mit den kulinarischen Kostbarkeiten, die unsere Gruppenleiter, die uns bis nach Hause begleiteten, als Marschverpflegung mithatten: Zwei Brote und ein Pappeimer gefüllt mit Marmelade. Es versteht sich wohl von selbst, dass davon am Ende der Reise nichts mehr übrig war.

## Stalin – unser Held von gestern

Stalins Tod im März 1953 markierte das Ende einer Epoche. Auch für uns Heranwachsende. Und zwar gleich in doppelter Hinsicht. Zum einen war ein Held von uns gegangen, der uns von den Nazis und vom Faschismus befreit und gerettet hatte. Stalin, unser Idol, weilte nicht mehr unter uns. Immer wieder würdigten unsere Lehrer seine Leistungen und Verdienste. Schließlich sprach Stalin uns allen aus dem Herzen, wenn er den Krieg verdammte. Von dem, was drei Jahre später ans Tageslicht kam, ahnten wir nichts.

Nach Bekanntwerden von Stalins Tod waren wir alle zu einer Schweigeminute aufgerufen. Punkt zwölf Uhr am Mittag. Und wir nahmen sie sehr ernst. Anschließend gab es in der Schule einen Appell, bei dem wir mit gesenkten Köpfen der Traueransprache unseres Schuldirektors lauschten.

Später dann, als die Stalinverbrechen mehr und mehr ans Tageslicht rückten, fühlten wir uns in einen wahren Schockzustand versetzt. Als wir vom zweiten Gesicht unseres einstigen Idols erfuhren, markierte das gleichzeitig auch das Ende der Leichtgläubigkeit aus Kindertagen.

### 17. Juni 1953

Die Bevölkerung wehrte sich gegen den Kurs der zweiten SED-Parteikonferenz, für gleiches Geld ein Mehrfaches an Arbeit zu leisten. Am 16. Juni 1953 kam es an zwei Berliner Großbaustellen – dem Block 40 in der Stalinallee und dem Krankenhausneubau in Berlin-Friedrichshain – zu den ersten Arbeitsniederlegungen. Am Morgen des 17. Juni traten überall im Land Werktätige großer Betriebe in den Streik und formierten sich zu Demonstrationszügen gegen die Normenerhöhung.
Die Polizei war mit dem Ausmaß, welches die Demonstrationen annahmen, überfordert. Vor allem in Ostberlin kam es zu blutigen Zusammenstößen zwischen Demonstrierenden und der Polizei. Die sowjetischen Behörden reagierten mit der Verhängung des Ausnahmezustandes für 167 der 217 DDR-Landkreise. Auch in Berlin wurde der Ausnahmezustand verkündet. Mit ihren in die Berliner Innenstadt geschickten Panzern demonstrierten die sowjetischen Truppen Präsenz und brachten die Situation weitgehend unter Kontrolle.
Um 14 Uhr erklärte Ministerpräsident Otto Grotewohl im DDR-Rundfunk ausdrücklich die Rücknahme der Normerhöhungen. Den Aufstand verurteilte er als „das Werk von Provokateuren und faschistischen Agenten ausländischer Mächte und ihrer Helfershelfer aus deutschen kapitalistischen Monopolen".

1954–1958

# Vorbereitet auf den Ernst des Lebens

## Das 15. bis 18. Lebensjahr

### Jugendweihe oder Konfirmation?

Mit vierzehn wurden wir offiziell zu Erwachsenen erklärt. Per Jugendweihe oder Konfirmation. Je nach dem. Und wer weder Kirche noch den jungen sozialistischen Staat prellen wollte, machte halt beides. Es war das Politbüro der Kommunistischen Partei der Sowjetunion, das im Mai 1953 einen Beschluss über „Maßnahmen zur Gesundung der politischen Lage in der DDR" gefasst hatte. Fortan sollte die Jugendweihe als sozialistische Alternative zur Konfirmation etabliert werden. Während im Westen Deutschlands nur einige Freidenker-Verbände die Jugendweihetradition fortsetzten, wurde in der DDR der Brauch aus dem vergangenen Jahrhundert mit neuen sozialistischen Inhalten gefüllt und sollte auf lange

*Egal, ob Konfirmation oder Jugendweihe – wir waren stolz, erwachsen zu sein.*

# Chronik

**1. Januar 1954**
Die UdSSR verzichtet auf weitere Reparationen aus der DDR und gibt die letzten 33 SAG-Betriebe (sowjetische Aktiengesellschaften) an die DDR zurück.

**9. Mai 1955**
Die BRD wird offiziell in die NATO aufgenommen.

**14. Mai 1955**
Der Warschauer Vertrag über „Freundschaft, Zusammenarbeit und gegenseitigen Beistand" wird von der UdSSR, Albanien, Bulgarien, Ungarn, der DDR, Polen, Rumänien und der CSSR geschlossen.

**September 1955**
Adenauer verkündet die Hallstein-Doktrin: Die BRD werde die diplomatischen Beziehungen zu allen Staaten abbrechen, die die DDR anerkennen.

**25. Februar 1956**
Auf dem XX. Parteitag des KPdSU rechnet Nikita Chruschtschow mit Stalin und dem Personenkult ab.

**1. März 1956**
In der DDR entsteht aus Einheiten der Kasernierten Volkspolizei die Nationale Volksarmee (NVA).

**25. März 1957**
Frankreich, Italien, die BRD, Holland, Belgien und Luxemburg gründen durch die Unterzeichnung der „Römischen Verträge" die Europäische Wirtschaftsgemeinschaft (EWG).

**31. Dezember 1957**
In der DDR werden 317 Landwirtschaftliche Produktionsgenossenschaften (LPG) gegründet, die ein Viertel der landwirtschaftlichen Nutzfläche genossenschaftlich bewirtschaften.

**2. Januar 1958**
Das DDR-Kulturministerium ordnet an, die Erscheinungen der „westlichen Dekadenz" in der Unterhaltungs- und Tanzmusik im Land zu bekämpfen.

**28. März 1958**
Der Deutsche Bundestag spricht sich für die atomare Bewaffnung der Bundeswehr aus.

**29. Mai 1958**
In der DDR werden die Lebensmittelkarten abgeschafft und damit die letzten Rationierungen für Fleisch, Fett und Zucker aufgehoben.

*Herausgeputzt für den feierlichen Augenblick.*

Sicht das kirchliche Ritual verdrängen. Und wir gehörten zu den Ersten, die diese neue Jugendweihe erhielten.

Natürlich blieb dabei nichts dem Zufall überlassen. Vor dem eigentlichen Festakt nahm die Klasse gemeinsam an den einmal im Monat stattfindenden Jugendstunden teil. Diese führten uns zu Besichtigungen in Betriebe, ließen uns Vorträge hören – einmal über Politik, das andere Mal über Sexualität. Wir bekamen Tanzunterricht und diskutierten über die Rolle der Arbeiterklasse im Sozialismus. Schule und Jugendorganisation bereiteten uns damit detailliert auf den Übergang von der Kindheit in die Gemeinschaft der Erwachsenen im Sozialismus vor. Und das Wichtigste daran: Wir fühlten uns ernst ge-

*Manche feierten schon die Jugendweihe.*

nommen und sehnten den großen Moment herbei, die Feierstunde. In schlaflosen Nächten überlegten wir – vor allem die Mädchen –, was wir anziehen sollten.

Festlich zurechtgemacht stand die Klasse dann endlich auf der Bühne des Kultursaals im Patenbetrieb. Natürlich durften wir uns nicht beim Gelöbnis verhaspeln. Obwohl wir das im Chor nachzusprechende „Ja, das geloben wir" natürlich im Vorfeld hoch und runter geübt hatten.

Unsere Eltern, Geschwister, Onkel und Tanten unten im Saal fieberten mit und begleiteten uns in Gedanken. Daheim gab es dann die Jugendweihefeier im Familienkreis – ein Fest, ausgerichtet nur für uns. Mutter hatte Streuselkuchen und Obsttorte gebacken und für den bedeutenden Anlass sogar ein Päckchen richtigen Bohnenkaffee aufgetrieben. Am Ende feierten die Verwandten mit Gotano und Nordhäuser Doppelkorn. Wir verkrümelten uns mit den Kumpels und waren zudem ziemlich froh, aus den unbequemen Sachen rauszukommen.

Auch die Kirche entließ ihre Kandidaten nicht ohne entsprechende Vorbereitung in die Welt der Erwachsenen. Und vor allem ließ sie nicht locker, sich gegen die Versuche zu stellen, die kirchliche Jugendarbeit durch die gerade eingeführte staatliche Jugendweihe zu unterwandern. Zumal die Werbung für die Jugendweihe in den ersten Jahren deutlich antichristliche und antireligiöse Züge trug. Wir selbst nahmen an den Turbulenzen zwischen Staat und Kirche, die sich um uns rangelten, nicht wirklich Anteil. Denn im Grunde genommen waren es in der Regel unsere Eltern, die uns den Weg vorgaben und die Entscheidung für Staat oder Kirche trafen. Wie gesagt, gegebenenfalls auch für beides. Man könne schließlich nie wissen, wie alles mal kommt, sagten sie dann.

## Jugendzeitschriften

Die älteste Kinderzeitschrift der DDR war die 1946 gegründete „ABC Zeitung", die monatlich mit einer Auflage von 885 000 Exemplaren im Verlag „Junge Welt" erschien. Sie war das Organ des Zentralrats der FDJ für Jungpioniere und Schüler der Klassenstufen 1 bis 3. Zum Preis von 30 Pfennig wurde sie direkt über die Schulen, aber auch am Kiosk vertrieben. Ihr späteres Pendant bildete die 1958 im Verlag „Junge Welt" erstmalig erschienene Wochenzeitung die „Trommel" – das Organ des Zentralrats der FDJ für die Thälmann-Pioniere und Schüler. Unter den Pionieren wurden Trommel-Reporter benannt, die aus der Pionierarbeit berichteten.

Im Juni 1953 erschien die Erstausgabe der „Frösi" (Der Name leitete sich von der Anfangszeile des Pionierliedes „Fröhlich sein und singen" ab). Das damalige Grußwort dieses Magazins für Mitglieder der Pionierorganisation „Ernst Thälmann" schrieb FDJ-Chef Erich Honecker. Ab 1956 gab es das 32- bis 40-seitige Heft monatlich. Die 600 000 Exemplare waren stets nach kurzer Zeit vergriffen. Großer Beliebtheit erfreute sich die „Frösi" auch wegen ihrer Bastelbögen, 3-D-Brillen und Samentütchen.

In der seit 1957 monatlich erscheinenden Kinderzeitschrift „Bummi" blätterten die Drei- bis Sechsjährigen gerne. Die etwas Älteren interessierten sich für den seit 1955 herausgegebenen „Atze", einer Mischung aus politischer Bildung und Comic.

*Beliebte Lektüre – die ABC Zeitung.*

1955 erschien die erste Ausgabe des „Mosaik" von Hannes Hegen (Johannes Hegenbarth). Seitdem erkundeten die drei Digedags die Welt und hatten eine Menge Abenteuer zu bestehen. Sie reisten durch den Weltraum und in ferne Länder, die für den DDR-Bürger nicht erreichbar waren. Das Heft erschien jeden Monat, war extrem schwer zu bekommen und deshalb im DDR-Alltag ein beliebtes Tauschobjekt.

## Der erste Kuss

An den ersten Kuss wagten wir uns, als wir die junge Dame unseres Herzens und unserer Klasse im Anschluss an eine der Jugendstunden nach Hause begleiteten. Natürlich hatten wir dem Gelingen unseres Vorhabens bereits sanft vorgefühlt. Während der Tanzstunde hatte sich dazu eine passende Gelegenheit ergeben. Als wir unsere Tanzpartnerin beim Versuch, die Schritte des langsamen Walzers fehlerfrei hinzubekommen, etwas näher als unbedingt erforderlich an uns heranzogen. Dazu ein tiefer Blick in ihre blaugrauen Augen

*Inzwischen waren wir herangewachsen ...*

*... und gingen mit der Mode.*

und wir glaubten ziemlich deutlich zu spüren, dass da keine Gegenwehr vorhanden war. Mehr noch lasen wir in ihren Augen sogar eine gewisse Erwartungshaltung. Wollte sie uns sagen: „Nun trau dich doch endlich?" Viel Zeit zum Nachdenken darüber blieb in diesem Moment jedoch nicht, denn schon schloss sich eine Polka an, die ein weiteres Näherkommen komplett boykottierte.

Während der Tanzstunde lernten wir nicht nur die richtigen Schritte zur Musik, sondern auch Anstand und Benehmen. Zum Beispiel: Wie schiebe ich der Dame korrekt den Stuhl an den Tisch heran? Wie helfe ich ihr in die Garderobe? Zum Anstand gehörte eben auch, sie während des Tanzes nicht zu erdrücken. Ob wir mit unserem Gefühl gegenüber der Dame richtig lagen, würden wir schon bei passender Gelegenheit herausbekommen. Und die ergab sich dann an einem der folgenden Herbstnachmittage, an denen das Tageslicht bereits frühzeitig erblasste. Niedrige Temperaturen ließen zudem zu, der Dame des Herzens auf dem Heimweg den wärmenden Arm um die Schulter zu legen. Die Blumen, die wir für alle Fälle dabeihatten, stammten aus dem Gewächshaus der Gärtnerei – natürlich heimlich besorgt. Angekommen im Hausflur, in dem die Verabschiedung nahte und der uns zudem vor neugierigen Blicken schützte, schritten wir dann zur Tat. Hätte ja gerade noch gefehlt, dass uns dabei jemand beobachtete. Gar noch einer der eigenen Kumpels, die angeblich alle schon mal ... und die immer wieder solche Andeutungen machten, wie gut sich das anfühlen würde. Da hieß es mitzuhalten, um endlich mitreden zu können. Und ja, es fühlte sich tatsächlich himmlisch an.

Wir Mädchen würden gleich am nächsten Morgen der besten Freundin vom großen Ereignis erzählen. Dabei würden wir tausend Worte dafür finden, wie toll es war und die Freundin damit neidisch machen. Ja, darauf verstanden wir uns. Und das Beste würden wir uns bis zum Schluss aufheben, um ihrem neidvollen Gesichtsausdruck noch das I-Tüpfelchen draufzusetzen. „Und dann hat er noch gesagt, dass er mich liebt – na, wie findest du das!"

## Wer sind wir? Was wollen wir?

Mitte der fünfziger Jahre in der DDR. In den Haushalten hatten die ersten Fernsehgeräte Einzug gehalten. Die letzten Betriebe der Sowjetischen Aktiengesellschaften (SAG) waren an die DDR zurückgegeben und in Volkseigene Betriebe (VEB) umgewandelt worden. Wiederaufbau und Aufbau der DDR schritten voran. Wir steuerten dem Abschluss der Mittelschule entgegen und begannen, uns über unsere Berufsauswahl Gedanken zu machen. Natürlich wollten unsere Eltern dabei mitreden. Aus all den Erfahrungen der vergangenen Jahre empfahlen sie: „Kind, lerne etwas Handfestes. Das hilft dir im Leben immer weiter." Und noch etwas legten sie uns – Jungen wie Mädchen – ans Herz: „Lerne, dir selbst zu helfen und stehe deinen Mann oder deine Frau. Egal, wo es dich hintreibt."

Der Wechsel in die Oberschule oder in eine der Ingenieurschulen war meist mit einer räumlichen Trennung verbunden und damit für viele die einsetzende Abnabelung von zu Hause. Der Landjugend stand fast immer ein Ortswechsel bevor. Für den Besuch einer Berufsschule hatten wir uns in eine der nächstgelegenen Städte zu begeben.

In dieser Lebensphase schlossen wir Bekanntschaft mit dem Internatsleben. Ganz eindeutig hatte es wie jede Medaille zwei Seiten: Es brachte jede Menge Spaß, Freude am Leben und Abenteuer. Gleichfalls bedeutete es strenges Lernen, einen voll gepackten Arbeits- und Studientag, jede Menge Hausarbeiten und damit nur begrenzt Freizeit. Es sei denn, man brauchte wenig Schlaf.

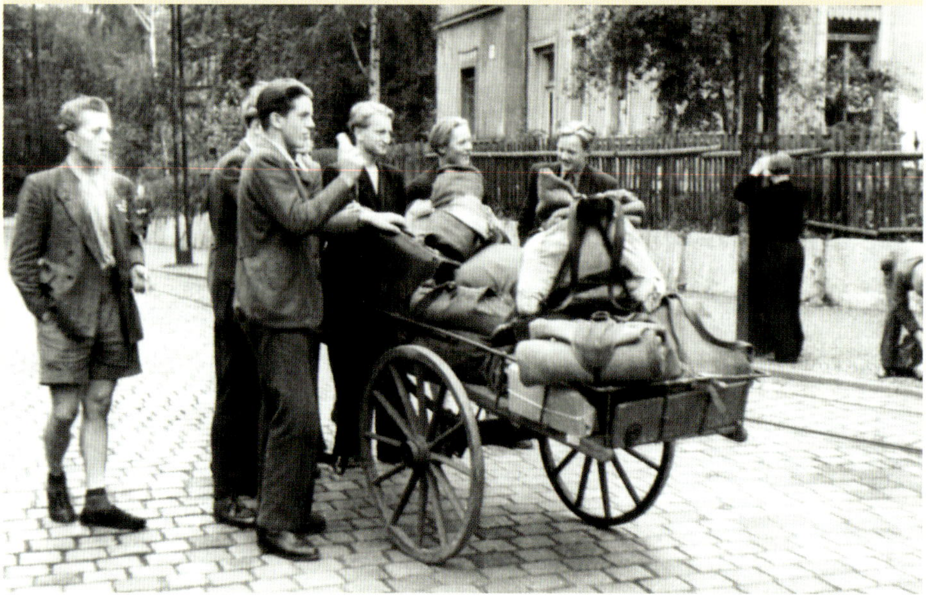

*Gepäcktransport zur Klassenfahrt.*

Ein Prozess des Suchens nach dem eigenen Weg hatte begonnen – für viele von uns von Höhen und Tiefen begleitet, von Erfolgen und Rückschlägen. Oft brauchten wir ein Ventil für unsere angestauten Emotionen und glaubten, es in Gegenreaktionen zu finden.

Wir konnten uns über vieles aufregen, die Eltern, die Schule, die Gesellschaft. Sagte der Lehrer hü, antworteten wir mit hott. Das Verbotene zog uns an. Aus Frust drehten wir dann das Radio viel stärker auf, als alle Ohren im näheren und weiteren Umkreis es ertragen konnten. Aus Frust prügelten wir uns. Oder wir wurden krank. Wir klauten dem Vater Zigaretten und probierten sie aus. Manchmal ärgerten wir uns auch einfach über uns selbst. Zum Glück hatte man ja noch Kumpels, denen es ähnlich erging, mit denen man gemeinsam den stürmischen Weg in die Erwachsenenwelt gehen konnten. Uns erschien alles wie ein Fass ohne Boden. Zumindest eine Zeit lang.

## Trabant – der beliebte Weggefährte

1957 fiel im VEB Sachsenring Automobilwerke Zwickau der Startschuss für die Pkw-Baureihe Trabant. Bis 1991 liefen in Zwickau mehr als drei Millionen Fahrzeuge vom Band – viel zu wenig für den enormen Inland- und Exportbedarf der DDR. Das führte zu Anmeldelisten mit mehrjährigen Wartezeiten.
Anfänglich galt der Trabi als sparsam und robust, später veraltete er aufgrund fehlender Innovationen hoffnungslos.
Seinen Namen „Trabant" erhielt das Fahrzeug im Rahmen einer Umfrage. Allgemeines Lob fanden sein geräumiger Innenraum, die großen Fensterflächen sowie sein dem Zeitgeschmack entsprechendes Design. Der 500 Kubikzentimeter kleine Zweitakt-Drehschiebermotor leistete anfänglich gerade mal 18 PS, doch dies war in den 1950er Jahren für einen Kleinwagen durchaus akzeptabel.

## Sport für alle

Wichtig in diesen Zeiten waren gemeinsame Aktivitäten. Viele von uns zog es in den Sportverein. Wer sich für Sport begeistern konnte, hatte es einfacher. Sportliche Betätigung war immer ein Ventil. Sport genoss zudem große Anerkennung in der DDR und wurde gefördert. Egal, ob Fußballspielen, Leichtathletik, Geräteturnen oder Schwimmen. „Jedermann an jedem Ort – mehrmals in der Woche Sport" – diese Losung hatte Walter Ulbricht 1958 geprägt. In ihrer modifizierten Form „... mehrmals in der Woche Sport" wurde sie zum geflügelten Ausspruch in der DDR. Sport gehörte zu unserem Leben – ob nun im Rahmen des Schulsports oder am Nachmittag in der Sportgemeinschaft. Das setzte sich während Berufsausbildung und Studium fort. Frühzeitig begann die DDR damit, sportliche Nachwuchstalente zu fördern. Uns erfüllte es mit Stolz, wenn wir dafür auserkoren wurden. Beginnend mit dem Schuljahr 1952/1953 gingen die Besten von uns auf Kinder- und Jugendsportschulen, die KJS, die neben dem Schulstoff einen erweiterten Sportunterricht mit täglichem Training anboten. Wir Größeren trieben Sport in Vereinen oder verabredeten uns, um gemeinsam Fußball oder im Winter auf dem zugefrorenen See Eishockey zu spielen.

*Das Fahrrad galt als unverzichtbares Transportmittel.*

*Ob Volleyball, Schwimmen oder Turnen – Sport fand in der DDR große Anerkennung.*

Immer eiferten wir dabei unseren großen Sportidolen nach. Täve Schur, dem Friedensfahrer, Karin Beyer, der Schwimmerin oder Harry Glass, dem Skispringer. Wie fieberten wir mit, als Gustav-Adolf Schur, unser „Täve", 1955 als erster Radfahrer der DDR die Friedensfahrt – das bedeutendste Amateur-Etappenrennen überhaupt – für sich entschied. Oder als Wolfgang Behrendt anlässlich der Olympischen Sommerspiele in Melbourne im Boxen triumphierte. Unsere Emotionen schwappten hoch, als der Klingenthaler Harry Glass 1956 die erste olympische Medaille für die DDR in Cortina d'Ampezzo holte. Wenn es sportliche Erfolge zu feiern gab, waren wir alle gern DDR-Bürger.

## Laika im Weltall

Sie hieß Laika und war die erste Dame im Weltall. Mehr noch war sie das erste Lebewesen überhaupt, das die Erde umkreiste. Im Rahmen der sowjetischen Raumfahrtmission war die Hundedame, die auf den Straßen Moskaus als Streuner aufgegriffen wurde, am 3. November 1957 an Bord des Raumflugkörpers Sputnik 2 ins All geschickt worden. Obwohl ihre Rückkehr zur Erde nicht vorgesehen war, erschütterte ihre frühe Todesnachricht die Menschen. Dennoch galt Laikas Mission als Erfolg, denn die Erkenntnisse aus Sputnik 2 ebneten den Weg für die bemannte Raumfahrt. Und sie zeigten der Welt, wer in Sachen Raumfahrt die Nase vorn hat. Denn im Wettlauf mit den Amerikanern um die Eroberung des Weltraums hatte die Sowjetunion bereits vier Wochen vor Laikas Mission ihren ersten Satelliten erfolgreich ins All gestartet. Der so genannte „Sputnikschock" traf den Westen überraschend und löste einen erbitterten Wettstreit aus.

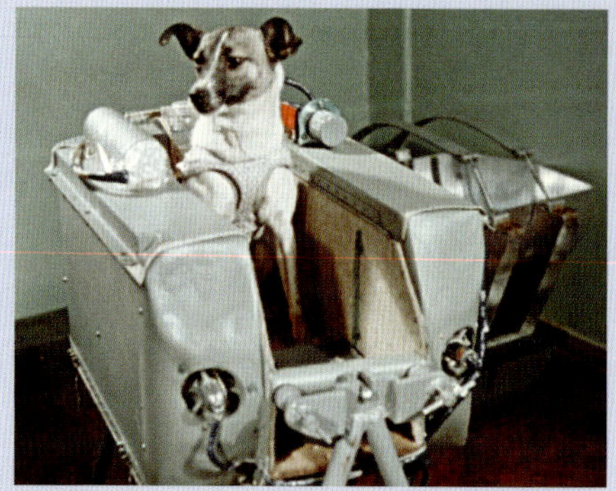

*Die russische Weltraumhündin Laika vor dem Start in der Kabine von „Sputnik 2".*

Während der ersten Minuten nach dem Start meldeten die Sensoren, dass Laikas Puls auf den dreifachen Wert des Ruheniveaus stieg. Nachdem sie die Schwerelosigkeit erreicht hatte, sank ihr Puls wieder; allerdings dauerte das dreimal so lange wie bei den Tests am Boden. Das deutete auf hohen Stress hin. Nach etwa fünf bis sieben Stunden Flugzeit wurden aus dem Raumflugkörper keine Lebenszeichen mehr empfangen.

# Petticoat und Dauerwelle

Zu unserer Freizeitgestaltung an den Wochenenden gehörten die Tanzveranstaltungen, die Jungen und Mädchen gleichermaßen gern aufsuchten. Jede Dorfgaststätte verfügte über einen Tanzsaal, in dem am Samstagabend die Kapelle spielte. In den Städten gab es freilich noch vielfältigere Gelegenheiten, das Tanzbein zu schwingen. Wir Jungen führten die Mädels aus, die wir an solchen Nachmittagen oder Abenden kaum wiedererkannten. Stundenlang hatten sie sich zurechtgemacht, um uns zu gefallen. Und das taten sie auf jeden Fall, wenn sie ihre schmalen Hüften bewegten und dabei ihre Petticoats unter den bunten Kleidern schwangen.

*Da schaut her, wir sind selbstbewusst und adrett.*

*Er war Kult – der Abschlussball der Tanzschule. Natürlich gehörte dazu auch das gemeinsame Erinnerungsfoto.*

Petticoats waren damals total angesagt, dennoch in der jungen DDR echte Mangelware. Also haben Mütter und Mädchen selbst Hand angelegt. So entstand ein Petticoat zum Beispiel aus Schaumgummi. Darüber trugen die Mädels weite Röcke – alles gleichfalls selbst geschneidert – die in der Taille mit einem breiten Gürtel gehalten wurden. Auch aus einem Leinenlaken konnte ein Petticoat werden. Zunächst schneiderten die Mütter daraus einen Stufenrock, der dann mit Kartoffelstärke gesteift wurde. Eine Höllenarbeit, die Stunden dauerte, aber gern in Kauf genommen wurde. Die Tragödie bestand darin, dass die Kartoffelstärke wie wild raschelte, die jungen Damen sich damit also möglichst wenig bewegen durften. Eigentlich ging nur seichtes Schweben. Und wehe, es regnete, dann klatschte die Kartoffelstärke zusammen und der Petticoat war verschwunden.

Extra für den Tanz legten die Mädchen ihr Haar zu einer Dauerwelle, die gerade hoch in Mode war. Und das funktionierte so: Auf der Gasflamme des Küchenherdes wurde die Brennschere ordentlich erhitzt, um die Haare damit in die gewünschte Form zu bringen. Dabei galt es allerdings höllisch aufzupassen, dass man mit der heißen Schere nicht die Kopfhaut verbrannte. In dem Fall nämlich konnte es leicht möglich sein, dass der Tanzabend ins Wasser fiel. Nein, leicht hatten es die Mädchen damals nicht.

## Lehrlinge zwischen Schule und Brigade

Die Lehrausbildung bescherte uns die ersten direkten Kontakte mit der realen Arbeitswelt, mit der Brigade und deren Gepflogenheiten. Wer sich beispielsweise für einen Beruf auf dem Bau entschied, konnte bereits nach Abschluss der achten Klasse eine zwei- beziehungsweise auch dreijährige Lehre beginnen. Wer in Handwerk, Wirtschaft oder Verwaltung Fuß zu fassen gedachte, benötigte für die Berufsausbildung das Abschlusszeugnis der zehnten Klasse.

Die Zeit der Berufsausbildung verbrachten wir zur einen Hälfte in der Berufsschule, zur

*In der Berufsschule ging es lustig zu – wie hier beim Fasching ...*

Zeichnerin machte, schwangen sie zunächst mit uns gemeinsam die Maurerkelle.

Auf jeden Fall war es eine Zeit, wo wir endlich das Gefühl hatten, gebraucht zu werden, etwas zu leisten. In allen Bereichen ging es um Aufbau, wir waren mittendrin. Und wir verdienten unser erstes eigenes Geld.

Wer während der Ausbildung daheim bei den Eltern wohnte, entrichtete einen Teil seines Lehrlingsgeldes, das alle zehn Tage gezahlt wurde, als Kostgeld. Bekamen wir beispiels-

*... aber auch diszipliniert, wie beim Appell.*

*Am 1. Mai demonstrierten wir für den Frieden.*

anderen in den uns zugewiesenen Brigaden, wo wir sofort ins Tagesgeschäft integriert wurden. Als Maurerlehrling wirkten wir zum Beispiel auf so genannten Lehrbaustellen unter Obhut unseres Ausbilders aktiv beim Bau von Wohnungen in den Städten mit. Und zwar Jungen wie auch Mädchen. Das machte damals keinen Unterschied. Obwohl die meisten Mädchen im Anschluss an die Berufsausbildung ein Studium absolvieren wollten, das sie zur Bauingenieurin oder technischen

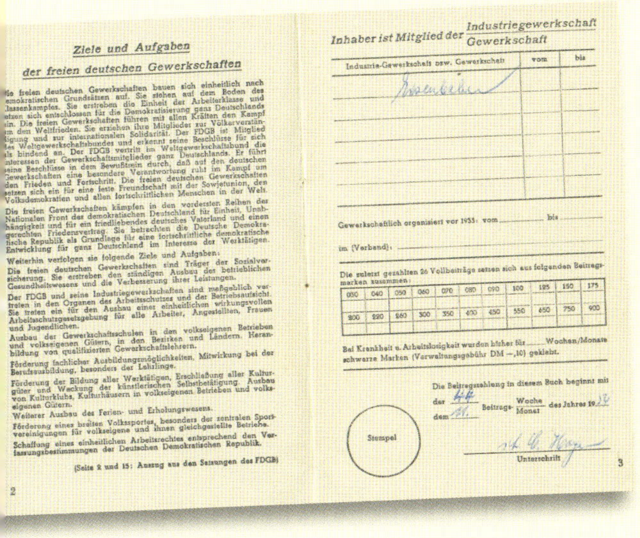
Ziele und Aufgaben

der freien deutschen Gewerkschaften

ie freien deutschen Gewerkschaften bauen sich einheitlich nach emokratischen Grundsätzen auf. Sie stehen auf dem Boden des lassenkampfes. Sie erstreben die Einheit der Arbeiterklasse und etzen sich entschlossen für die Demokratisierung ganz Deutschlands in. Die freien Gewerkschaften führen mit allen Kräften den Kampf m den Weltfrieden. Sie erziehen ihre Mitglieder zur Völkerverstän-digung und zur internationalen Solidarität. Der FDGB ist Mitglied es Weltgewerkschaftsbundes und erkennt seine Beschlüsse für sich ls bindend an. Der FDGB vertritt im Weltgewerkschaftsbund die nteressen der Gewerkschaftsmitglieder ganz Deutschlands. Er führt eine Beschlüsse in dem Bewußtsein durch, daß auf den deutschen Gewerkschaften eine besondere Verantwortung ruht im Kampf um den Frieden und Fortschritt. Die freien deutschen Gewerkschaften setzen sich ein für eine feste Freundschaft mit der Sowjetunion, den Volksdemokratien und allen fortschrittlichen Menschen in der Welt.

Die freien Gewerkschaften kämpfen in den vordersten Reihen der Nationalen Front des demokratischen Deutschland für Einheit, Unab-hängigkeit und für ein friedliebendes deutsches Vaterland und einen gerechten Friedensvertrag. Sie betrachten die Deutsche Demokra-tische Republik als Grundlage für eine fortschrittliche demokratische Entwicklung für ganz Deutschland im Interesse der Werktätigen.

Weiterhin verfolgen sie folgende Ziele und Aufgaben:

Die freien deutschen Gewerkschaften sind Träger der Sozialver-sicherung. Sie erstreben den ständigen Ausbau des betrieblichen Gesundheitswesens und die Verbesserung ihrer Leistungen.

Der FDGB und seine Industriegewerkschaften sind maßgeblich ver-treten in den Organen des Arbeitsschutzes und der Betriebsaufsicht. Sie treten ein für den Ausbau einer einheitlichen wirkungsvollen Arbeitsschutzgesetzgebung für alle Arbeiter, Angestellten, Frauen und Jugendlichen.

Ausbau der Gewerkschaftsschulen in den volkseigenen Betrieben und volkseigenen Gütern, in den Bezirken und Ländern. Heran-bildung von qualifizierten Gewerkschaftslehrern.

Förderung fachlicher Ausbildungsmöglichkeiten. Mitwirkung bei der Berufsausbildung, besonders der Lehrlinge.

Förderung der Bildung aller Werktätigen, Erschließung aller Kultur-güter und Weckung der künstlerischen Selbstbetätigung. Ausbau von Kulturklubs, Kulturhäusern in volkseigenen Betrieben und volks-eigenen Gütern.

Weiterer Ausbau des Ferien- und Erholungswesens.

Förderung eines breiten Volkssportes, besonders der zentralen Sport-vereinigungen für volkseigene und ihnen gleichgestellte Betriebe.

Schaffung eines einheitlichen Arbeitsrechtes entsprechend den Ver-fassungsbestimmungen der Deutschen Demokratischen Republik.

(Seite 2 und 15: Auszug aus den Satzungen des FDGB)

2

Inhaber ist Mitglied der Industriegewerkschaft / Gewerkschaft

| Industrie-Gewerkschaft bzw. Gewerkschaft | vom | bis |
|---|---|---|
| Bauarbeiter | | |
| | | |
| | | |
| | | |
| | | |
| | | |

Gewerkschaftlich organisiert vor 1933: vom ______ bis ______

im (Verband): ______

Die zuletzt gezahlten 26 Vollbeiträge setzen sich aus folgenden Beitrags-marken zusammen:

| 030 | 040 | 050 | 060 | 070 | 080 | 090 | 100 | 125 | 150 | 175 |
|---|---|---|---|---|---|---|---|---|---|---|
| | | | | | | | | | | |
| 200 | 220 | 260 | 300 | 350 | 400 | 450 | 550 | 650 | 750 | 900 |
| | | | | | | | | | | |

Bei Krankheit u. Arbeitslosigkeit wurden bisher für ____ Wochen/Monate schwarze Marken (Verwaltungsgebühr DM –,10) geklebt.

Die Beitragszahlung in diesem Buch beginnt mit der 44 Beitrags-Woche/Monat des Jahres 19__ dem __

Stempel

Unterschrift

3

*Manch einen zog es sogleich in den Freien Deutschen Gewerkschaftsbund.*

weise 58 Mark Lehrlingsgeld, gaben wir daheim etwa 30 Mark ab. Was bedeutete, dass für die eigenen Bedürfnisse eines jungen Erwachsenen nicht viel übrig blieb und wir uns nebenbei zusätzliche Verdienstmöglichkeiten suchten. Sehr beliebt war beispielsweise das Kellnern.

Trotz der relativ bescheidenen finanziellen Mittel, die uns zur Verfügung standen, genossen wir unsere Jugend in vollen Zügen und fühlten uns glücklich. Und ein Bier für 50 Pfennige – oder auch zwei – sprangen schließlich immer heraus.

Tagsüber versorgte uns Lehrlinge die Betriebskantine. Auch unsere warme Mittagsmahlzeit nahmen wir dort gemeinsam mit dem Kollektiv ein. Während der Einsätze auf der Baustelle wurde das in der Betriebsküche bereitete Essen in Kübeln dorthin geliefert. Und da der Betrieb das Essen erheblich finanziell stützte, waren die Mahlzeiten mir rund 50 Pfennigen pro Gericht durchaus erschwinglich.

## Kinohelden der 1950er Jahre

Die DDR-Kinoleinwand der 1950er Jahre befand sich fest in der Hand der DEFA. Die Filmtheater waren gut besucht, denn die Konkurrenz des Fernsehens fehlte zunächst noch. 1949 drehte die DEFA elf Filme, 1951 waren es acht und 1952 sechs Filme. 1951 entstand „Der Untertan", das wohl beste Werk von Wolfgang Staudte, das in Karlovy Vary ausgezeichnet wurde.

Kurt Maetzig produzierte 1950 mit „Der Rat der Götter" ein Werk, das die Filmgeschichtsschreibung als sein bedeutendstes dieser Periode bezeichnet. Das Drehbuch schrieben Friedrich Wolf und der sowjetische Schriftsteller Philipp Gecht, die Filmmusik stammte von Hanns Eisler. Die Autoren stützten sich auf Akten des Nürnberger Prozesses sowie das 1947 von Richard Sasuly in New York veröffentlichte Buch „IG Farben".

1950 drehte die DEFA den antifaschistischen Film „Die Sonnenbrucks".

In „Hauptmann von Köln" griff Slatan Dudow 1956 neonazistische Umtriebe in der Bundesrepublik auf. Zum Problem auf die schiefe Bahn geratener Jugendlicher drehten Gerhard Klein und Wolfgang Kohlhaase 1956 den inzwischen zum DEFA-Klassiker gewordenen Streifen „Berlin – Ecke Schönhauser". Darin spielte Annekathrin Bürger ihre erste Hauptrolle, Ekkehard Schall gab den männlichen Part.

Aber auch heiter-besinnliche Filme entstanden in den 1950er Jahren. Dazu gehörten „Der Kahn der fröhlichen Leute" (1950) mit Petra Peters, „Eine Berliner Romanze" (1956) mit Annekathrin Bürger und „Vergesst mir meine Traudl nicht" (1957) mit Eva-Maria Hagen.

*Ein letztes Klassenfoto.*

## Endlich volljährig

1958, gerade sind die Lebensmittelkarten abgeschafft worden, da beschloss die DDR-Regierung auf dem V. Parteitag der SED, den Lebensstandard der Bundesrepublik bis 1961 überflügeln zu wollen. Es sollte also aufwärts gehen im Land und überwiegend waren wir der Überzeugung, dass der Sozialismus die Dinge im Griff hatte. Wir selbst standen, nun volljährig, an einer Weggabelung. Nach Schulabschluss und Lehre traten die Jungen zunächst ihren Dienst bei der Nationalen Volksarmee an. Um das Land zu schützen, in dem wir aufwuchsen.

Noch immer ging manchem von uns die Frage durch den Kopf, ob dieses Land tatsächlich das richtige für ihn sei. Obwohl wir eigentlich nicht viel vom Westen wussten, schien uns dieser durchaus verlockend. Immerhin hatten einige unserer Kumpels der DDR inzwischen den Rücken gekehrt. In ihren Briefen schrieben sie unter anderem von verlockenden Verdienstmöglichkeiten dort drüben im Westen. Dennoch, so fern der Heimat? In der Fremde? Ohne die Familie, ohne die Freunde? Natürlich wollten auch wir gut verdienen, uns in den Geschäften unsere Wünsche erfüllen. Aber hatte unsere Regierung nicht gerade versprochen, bereits in wenigen Jahren den Westen einholen zu wollen. Nein, unser Platz war hier in der DDR und schließlich ging man mit monatlich 285 Mark als Gefreiter beziehungsweise 218 Mark als Soldat auch nicht gerade leer aus. Unsere subventionierten Lebensmittel, Mieten und Busfahrkarten waren nicht teuer. Leicht ließen sich da immer mal 100 Mark auf die hohe Kante

*Vom Verehrer in den Zoo ausgeführt.*

*Selbstständig in die Ferien.*

legen. Und ein Motorrad, von dem der nach dem Westen gegangene Kumpel schwärmte, hatten wir inzwischen auch. Unsere „Java" von den tschechischen Nachbarn oder gar die heiß begehrte „RT 125" aus Zschopau machten auch uns einen schönen Sommer. Es ging uns also gut. Warum letztlich sollten wir das alles aufs Spiel setzen? Dazu kam, wir hatten eine sichere Perspektive. Die nächsten Schritte, die wir gehen würden, standen frühzeitig fest. Sorgen um einen Ausbildungsplatz und den späteren Arbeitsplatz kannten wir nicht. Wir waren volljährig und trugen damit ab sofort die Verantwortung für uns selbst. Wir konnten wählen gehen und frei entscheiden, was wir mit unserem Leben anfangen. Von Rechts wegen durften wir heiraten und Mitglied einer Partei werden. Was wollten wir mehr?